新版 大丈夫や！きっと、うまくいく

京都大徳寺大仙院閑栖
尾関宗園
Ozeki Soen

KKロングセラーズ

大丈夫や！きっと、うまくいく

今こそ 出発点

人生とは毎日が訓練である
わたくし自身の訓練の場である
失敗もできる訓練の場である
生きているを喜ぶ訓練の場である

今この幸せを喜ぶこともなく
いつどこで幸せになれるか
この喜びをもとに全力で進めよう

わたくし自身の将来は
今この瞬間 ここにある
今 ここで頑張らずにいつ頑張る

京都大仙院 尾関宗園

KKロングセラーズ

はじめに――仏さまのこころを知る

東洋にはお釈迦さまをはじめとして、孔子さま、お父さま、お母さま、天照大神など、次から次へと立派な先人、先輩、先聖、先君がおられます。この方々のお住まいになったと同じ天地に、私自身、ノミかシラミかゴミのような存在がご一緒させていただいて、こんなに有難いことはありません。

また東洋には、生まれながらのソース、もともとの源である「本源」を尊ぶ考え方があります。本源の基本は、こちらから天の神様に頼んでお願いして、この現在の父母の子として生んでいただいたのだという自覚が、生まれながらにして備わっているかどうかで決まってしまいます。本源はどなたも生まれる前に、つまり、未生のなかにすでに備わっており、この生地のままのふるさとにこそ、ほんとうの輝きがあるということです。

この本源を忘れて別の言葉や別の物を探すから、縛りつけられて身動きがとれなくなってしまいます。本源を知れば、生まれたままの姿で生きられるのに、本源をないがしろにするからややこしくなります。この本源を知るには、仏のこころを知ることが必要になります。混乱の時代である、いまこそ、仏のこころが大事だと私は考えています。

では、仏のこころとは何でしょうか。それは仏法を知ることです。仏法とは、お釈迦さまが悟りを得るために歩かれた道のりであり、お釈迦さまがおっしゃった「諸悪莫作　諸善奉公　自浄其意　是諸仏教」です。ところが、この時代はとくにその中でも、おのずからそのこころが浄まる「自浄其意《じじょうごい》」が忘れられています。この清浄なこころがどなたさまにも、生まれながらに備わっていることを知ってほしいのです。

こころを浄めるには、人のためになることをし、人の嫌がることはしないことです。

こころのことを、「明鏡止水の如し」といい変えていただいて結構です。だからこそ、以前に見た景色といま見る景色が混沌としないのです。仏道とは、お釈迦さまが菩提樹の下で悟りを開かれたその精神状態とともに、一直線におなじ道を歩むことです。

お釈迦さまは、「諸行無常」とも教えられました。この世にあるものすべては、生滅し変化して定まりなく、無常であるという教えです。諸行無常を知れば、ものを見る視点が変わってくるし、生き方も変わります。人間の体ひとつとっても、構成している細胞自体が一瞬ごとに生まれ、なおかつ死んでいます。生命が刻々変化しているこの世の無常を見失えば、不必要なものまで抱え込んで、動きのとれない体を右往左往させることになってしまいます。

無常を念頭におけば、学歴、職業、地位、肩書きなど形へのこだわりが、どれほどバカげているかがわかってきます。人をワクにはめて見ることの愚かさに気づきます。他人との比較もなくなり、こころの平安が乱されなくなります。

仏のこころを知れば、それまで「これぞ大事なものだ！」と思い込んでいたものが、実際はくだらない差別だけのものだったとわかるようになります。化けの皮がはがれて、ほんとうに大切なものが見えてきます。さらに、「この手がダメなら、あの手がある」と、こころがいつもしなやかで軽くなります。力が抜けてきて、「こうもできる。ああもできる」と自由になり、すばらしい考えがつぎつぎに湧き出してきます。

手があるから自然に手が動くし、足があるから足も動きます。面白いことに、自分以外の人に親切にする段には、よく動きます。自分の利益を考えてとなると動きが鈍くなります。吸う息よりも吐く息で人のために自己を尽くすという動きだと自然によく動けます。ここには何のこだわるものもありません。ここには、先に申し上げた聖人すら一人もおいでになりません。ただ爽快に手が動き足が動くのです。仏さまが生きられたこの同じ地上に降り立った私どもも、同じように世のため人のために懸命に動くのです。くだらないもの、ちっぽけなものにかかわりあってはいられません。そんな無駄な時間を私たちは持っていないからです。だから、ただ瞬間瞬間、無心に食い込んでいくしかないのです。面倒なテクニックなどいりません。ありのままの自分の裸を投げ出して生きていくだけです。この投げ出した姿こそ尊いのです。

仏のこころに近づくための道程、それが禅です。禅とは一種の精神医学です。ともすれば、現実から逃れてこころの静寂を求め、超然として生きるための教えだととられがちですが、それは間違いです。禅とは、自分自身をしっかりと見つめ、自分の人生を丸出しにして、一瞬一瞬、精いっぱい勇敢に現実に立ち向かっていく意気であり、気概です。また、そのような強い人間をつくりだすのが禅です。

強い人間は、七転びしても八起きできることを知っていますから、意欲を燃え立たせて生きられます。私たちは生まれながらにして、強い力を備えているし、この力を発揮できるようにつくられています。そのためには、転ぶことを怖がらずにコツコツと現在のあなたを積み重ねていくだけです。やる気です。やる気をもってぶつかっていく、このことからのスタートです。

尾関宗園

はじめに――― 2

【第1章】
ありのままの、あなた自身がいい 15

人生は川の流れだ、濁流もあれば急流もある 16
流れの中で泡食う人生がほんもの 18
この世で唯一の生を受けたあなたは、貴重な人間 20
すべてをかなぐり捨てて、裸になればいい 22
頭でごちゃごちゃ考えず事の流れに三昧であれ 24
自分で自分を縛りつけることはない 26
疲れたら休むのがいちばん 28
欠点をさらけ出しさえすればラクになれる 30
人生、負けることがあっても負けきることはない 32

一歩も進めないなら、横に回ってみることだ　34
あきらめこそ人生最大の敵　36
どん底でこそ肚がくくれる　38
むちゃくちゃ挑戦あるのみ　40

【第2章】この手がダメなら、あの手がある　43

他人の評価なんか気にするな　44
運、不運はあなた自身が握っている　46
最初からうまくやろうなんて思わないほうがいい　48
仕事は好きでするのではない　50
思うようにならない相手の場合　52
上および下、どちらへも行ける力強さ　54

クビを怖れていて、仕事はできない　56
遊ぶのなら、徹底的に遊べ　58
ピンチになったら、息をすっかり吐き出せ　60
雑念なし。スタートしたら、そのまま突っ込め　62
一生、人力車でいい　64

【第3章】人はみな生命共同体　67

黙っているだけで心のすべてが把握できる　68
いっしょに悩み、ひとつになって考える　70
気は長く、こころは丸く、腹たてず　72
何をたじろぐ、傷つくのが怖いなんて　74
何でわたしがやらなければならないのか　76

手柄は部下に、失敗は自分に　78
頼りないわたしだから、みんなに庇ってもらえる　80
男女は愛でつながっているのではない　82
器の大きい人間、胆のすわっている人とは　84
空っぽの器だから尊い　86
悩みもいただきに行く　88
我見は心となり相手の心に伝わる　90
わたしが涙するとき　92

【第4章】肩の力をぬいて、空での繰り返し　95

自分のいちばん好きなものを　96
どうにも打つ手がないと悩んだとき　98

やりたくなければやらなければいい 100
勝負を楽しむゆとりがほしい 102
持って生まれた自分だけのものが育つ 104
既成のマニュアルなんかはいらない 106
心を込めて真空で繰り返す。新たな自分が発見できる 108
あなたの人生は、あなたがつくりあげる 110
そこへは死にに行く 112

【第5章】誰でも自力を持っている

115
子どもには生まれながらのピカピカ輝くこころがある 116
親は巣立ちまでの手助けをするだけ 118
人間として恥じざる生き方を習う 120

だれにも教える資格などない　122
縛りつけるな。子どもには自力がある　124
大人は若者とおなじ気持ちになれ　126
失敗された親御さんへ　128
子どもの将来なんか考えないにかぎる　130
一日中寝転がっている息子を叩き起こすには　132
十三人の子どもを育てた母　134

【第6章】
孤独になり切ったとき、こころは自由になる　137
悲しいときにはとことん悲しみ、嬉しいときには精いっぱい喜べばいい　138
あなたは生まれながらにして仏であることに気づく　140
仏法を聞けば、孤独は明るい　142

孤独になり切ったとき、こころは自由になる　144
「怖れなさんな。大丈夫だよ」　146
生来のものを発揮すれば安らか　148
自然体を養うための処方箋　150

【第7章】死んでもともと、思い煩うことはない　153

死はやはり悲しい、寂しい　154
死は眠りに入っていくようなもの　156
かくの如くしてこの世に出て、かくの如くして消え去っていくもの　158
亡くなったひとといっしょに歩いているから、生きていられる　160
未来を思い悩むことはない　162
みんな迷わず上手に死ねる　164

楽しみながらの死に支度　166
まごころを読めば穏やかに生きられる　168

【第8章】生きていることが感謝　171

いまあることが喜びだ、感謝だ　172
人生は自分の中の仏さまに出会うための道程　174
介護させていただくのが有難い　176
手術していただけるのが幸せ　178
意気が息づくその場所こそ、生き生きした姿を取り戻す場所　180
白紙の素直なこころで見れば間違いない　182
逆境こそ順境への糸口です　184
文殊の知恵で大海中へ一気に進め　186

歴代へとつづく祈りを込めて　188
伝わるのは、こころ　190

第1章

ありのままの、あなた自身がいい

人生は川の流れだ、濁流もあれば急流もある

人生というのは川の流れのようなものです。水のように自由に動けることが大切で、それを堂々と乗り切っていけるからすばらしいのです。流れに逆らって生きてはなりません。ひとつところにしがみついたりすれば、蹴落とされた場所にとどまろうとするのとおなじです。行き詰まりの壁を造りあげてしまいます。そのときどきの流れに合わせて、その流れを信じ、流れに乗り切っていく。これがほんとうの自然体です。自分の急流をしっかりと乗り切る。乗り切れば、あとは平たんなところに出るのです。

人生の川には、清流もあれば濁ったよどみもあります。山峡の急流もあれば、平野の緩流もある。台風で大雨が降れば、ときには洪水も起こしますし、乾期がくれば水涸れにもなります。すべては、常なるものではありません。この世は定めのあるものではなく、刻々と移り変わっていきます。まさに、無常そのものです。

鴨長明の『方丈記』の冒頭部分こそ、人間の無常を端的に示しています。

「行く川の流れは絶えずして、しかももとの水にあらず。よどみに浮かぶうたかたは、か

つ消えかつ結びて、久しくとまる事なし。世の中にある人と住家と、またかくのごとし」

これは、つぎのような意味になるでしょう。

「川の水は、いつも絶えることなく変わらずに流れているが、しかもいま流れているのはもとの水とおなじものではない。水の静かによどんでいるところに浮かぶ水の泡は、一方で消えると、一方ではできたりして、同じ泡が長く一か所に消えずにとどまっていることはない。世の中にいる人間と、その人間の住居とは、やはりこの水の流れや泡のように、刻々と移り変わって常のないものである」

地位、名誉、財産なども、ひとときの泡。おなじところにとどまっていようはずがありません。これほど移ろいやすいものはないのです。執着すればするほど、自由は束縛され、身動きのとれない人生を送ることになります。だからこそ、ひとそれぞれ置かれている立場、状況のなかで全力を尽くして生きるしかありません。息を吹き込んで、自然な形で完全燃焼するしかありません。そういう悠々たる自分でありたいと思います。

第一「生きぬく」ということは、ひとかど力のこもった言葉のようですが、実際にはそんな難しいことではなく、ただ単に「サジを投げずにコツコツやる」とか「身近なことから片付ける」というほどのことなのです。

流れの中で泡食う人生がほんもの

わたしたちには失敗がつきものです。失敗すると、「大変だ！」と、だれしも泡を食い動揺します。動揺するのは当たり前のことです。失敗を何とも思わないような人間は、クズの、でくの坊です。責任感のあるまともな人間であれば、動揺して当然です。

失敗して泡食うのはいけないと、いちいち固定するところに間違った人生が生まれてきます。失敗して泡を食ったひとの勝ちなのです。泡食う人生こそ、ほんまものです。

問題は、失敗して、「しまった！」と泡食ったつぎの瞬間に、どういう手が出てくるかです。

まず、失敗を失敗と受けとめる。つぎに、なぜ失敗したかの原因が早急に把握でき、損害を最小限度に食いとめるために、何をすべきか見極めがでてくる、すぐに善後策が立つ、実行に移る。「教室は間違うところだ、みんなどしどし手をあげて間違った答えをいおうじゃないか」。泡を食う練習が大切なのです。

失敗して泡食うことも有難いのですが、失敗なしで泡食うことも有難い。この両方あるから自然です。これは仕事上での失敗でもおなじことです。応急処置をする前に、だれかに責任を押しつけることを考えてしまうのは間違いのもとです。ましてや上役の顔色をおそれ、自分の出世に思いをいたしてしまうなど、もってのほかの回り道です。

いま、現在、何をしなければならないかを考えて、すぐに行動する。泡を食いながら間髪を入れずにさっと動ける。これが有難いのです。

台風のときに雨漏りがしたら、まず、洗面器でもバケツでもなんでもいい、雨漏りを受ける容器をもってくる。禅のほうでは、あわててザルをもってきた小坊主をほめる話があります。雨漏りにザルでは使いものにならないではないかと、ふつうは考えます。でも、ここでいおうとしているのは、まず行動に移すことの愉しさです。

雨漏りという現実を前にして、何もせずに、屋根の寿命を考えていても何の救いにもなりません。それよりは、泡食ってまず応急処置にかかることがどれほど必要か。行動に移すことを工夫するのです。

火事であってもおなじこと。天ぷら油に火が入ったら、毛布でもすぐにかぶせる。消化器があれば、すぐにそれを使う。燃える炎に立ち向わずに、悲鳴をあげていては、逆に流れているのです。

この世で唯一の生を受けたあなたは、貴重な人間

倒産や破産で先の見通しが暗く、不景気な世の中がつづく昨今、尊い命が年間三万人も自殺に追い込まれています。これは交通事故死の三倍にも及ぶ数になります。

この世はすべて、こころでできているのに、わかっていないひとが多いのです。こころが動くから物も動きます。

自他の区別はなく、過去、未来の区別もなく、人間同士の差別もなく、人間と他の生き物との差別もない。すべてのものが、それぞれの生命をもっているものとして尊い存在なのです。個々の存在が一番尊いものだということを、まず知っておかなければなりません。「天上天下唯我独尊」というお釈迦さまのことばは、ともすれば「自分が世界中で一番偉いんだ」とか、「お山の大将われひとり」的な、おごりたかぶった意味に解釈されますが、それは違います。「天上天下」とは大宇宙のことであり、父のお陰、母のお陰ということです。そのなかで、たったひとりの生を受けた「我」をこそ慎み、尊い存在であると自覚すると宣言していることばです。それが「独尊」の意味です。

この、我の生命は尊いものだということを知ると同時に、大宇宙の下にあっては、あらゆるものが無我であり、すべてが尊敬されるべき存在だということを知ることです。

わたしもあなたも、この世で唯一の生命を受けて生まれた、たったひとりだけの貴重な人間として、自分の生命と可能性を大切にし、この一度だけの人生を、精いっぱいひとのために役立つよう生きようではありませんか。

生きていくことは、たしかにつらいことが多い。あのお釈迦さまでさえ、生きるということは苦しいものだといっているのですから、ましてや凡夫のわたしたちが四苦八苦するのは当然です。だから悩んでみてもしょうがないのです。老いて病いのなかで死ぬか、生きるのが嫌になって途中で自殺するか、いずれにせよ死ぬまで生きているのです。

どうせ生きているのなら、楽しく、面白く、工夫して人格形成に励進している自分たちに気づくのが賢明です。生きている間の創意工夫と自己開発で、人間の価値は高まります。死んでしまったら、頭の使いようもなにもあったものではありません。死ねないのならば、生きることの大切さを真剣に、自分の目で見つめるべきです。その状況から逃れずに、勇気をもって立ち向かうことです。

人生は「一所」「一瞬」が勝負です。

すべてをかなぐり捨てて、裸になればいい

お釈迦さまは、「如実」ということを繰り返しいっておられます。如実とは、ありのままでなければダメだということです。人間は、本来そのものでなければダメ、仏法には、格好をつけたり虚構をつくりあげてはいかんといっておられるから、わたしは何でもできるし、気楽にものがいえるのです。

わたしは気取ることもないし、いばることもない。また、へりくだることもない。ありのままのわたし自身でいいと知らされているのです。だから、ことばも自然にでるし、話もなめらかに流れるし、自然に機転も働いていきます。

身にまとっているすべてのものをかなぐり捨て、裸になれば、他人の目を気にしないで何でもできるようになりますし、気楽にものがいえるようになります。自分に鎧や兜をつけて武装せず、ありのままの自分で生きるひとこそ自然体でほんものです。こんなことをいったら仲間に軽蔑されるだろうとか、上司に弱点をさらけだすようなことはいえないとかいうひとがいます。そんなことをいちいち気にしていたら、自分の血液が凍結して、ザ・

ストップ。これではものごとが進まないし、機転もきかなくなるし、いいアイデアだって出てこない。あいつは役に立たないやつだといわれるのがおちです。

「希なるかな、希なるかな。一切の衆生ことごとく如来の知恵徳相を具有す」

これはお釈迦さまの悟りです。ここでは相手が偉いのではない。自分が偉いのでもない。人間はみんな平等であるといっているのです。

誠の限りをつくし、ぎりぎりいっぱい端から端までのところで生きているひとは、身に不要なものをまとっていては邪魔になってしまいます。そのときそのときを生き抜いていくために、なりふりかまってはいられません。ひとがなんといおうと、格好つけている余裕などないはずです。ありのままの自分で生きれば、ときとして端々の処で矛盾をののしられたりすることもある。そのときは「君子豹変」をも辞しません。

お釈迦さまだって、七年間のきびしい苦行のあとで大悟するにいたったとき、「苦行に耐えかねて、戒律を捨てた男だ」とののしられたことがあります。でも、ひとり、またひとりとお釈迦さまの教えを聞くひとが現れ、大きなかたちに育っていったのです。

精いっぱいの境地で生きている人は、豹変もへちまもあったものではありません。雑音をまったく気にしない生きかたこそほんとうの人生です。

頭でごちゃごちゃ考えず事の流れに三昧であれ

九十六歳で遷化された山本玄峰老師はいつもいっておられました。

「わしは学問もない。目も不自由で拡大鏡を使わんと字も読めぬ。何もできない男だが、メシ炊きだけは、どこへ行ってもかなうものはいない」

実際、老師は何百人の坊さんの集まる大会では、二斗も三斗もメシ炊きをし、しかもそれがうまかったといいます。何でも実地にやる。頭でごちゃごちゃ考えるのでなく、口より先に手足を動かす。そのなかで、自分の手足が自由に動くことがわかります。メシ炊きなら、自分が釜と一体になっていることがわかります。

仕事について、その意味だとか意義だとか考えていたのでは、一歩も体が前に進みません。理屈や理論はあとからついてくるものです。ただ、ひたすら事の流れに三昧であたっていく。そうしているうちに、困難も不快感もどこかに消し飛んでしまいます。だから、頭でごちゃごちゃ考えているようではダメです。体をその現場に持っていって泳ぐのです。

これが無心というものです。無心であること、精いっぱい生きること、これさえこころえれば、あなたの強靱な器量にあなた自身が気づくことができます。

死を中心に据えて、ありもしないうたかたの流れに浮かぶ泡同然の生の存在を、有難く思わなければもったいない。空っぽだから動けます。生の泡は中味も空っぽ。空といったら、あるのだけれどないようなものです。無といったら壊滅です。本来、人間は空で生まれ、空で消えていきます。

脳みそというのは、頭のなかにあるのと違って、手足の指先から心臓、肝臓、胃、つまり内臓のすべて、体じゅうにあります。それらを動かす知恵というものがあって、賢いもので、みんなそれぞれに連絡しあって働いてくれるのです。

何ものにもとらわれないこころであり、可能性のかたまりであって、そのうちに何でもできるという気持ちになっていきます。この可能性は、だれもが生まれながらにして持っているもので、瞬間瞬間、向上に持っていき、気迫のこもった感動や発見が発生します。

仏法では諸行無常といって、あらゆる現象は決まっている形、常がないと教えています。わかっている、決まっている、知っているといっておれないのです。一瞬、一瞬、すべて変化しており、おなじではありません。だからこそ、生きるということを自分の目でしっかり確かめ対面し実地にとらえるのです。それが実に愉しいのです。

自分で自分を縛りつけることはない

ひとはだれしも、自分で自分を金縛りにしています。他人がそれをするのではありません。自分で勝手に身動きがとれないようにしてしまっているのです。そして、ひっそりと自分の殻に閉じこもり、夢も希望もすべて失ってしまい、うつ病のレッテルを貼られてお医者通いをするようになります。

孤独とうつ病とは、まったく違います。孤独とはひとりを慎み、ひとりを大切に鍛えあげていくのであって、それが楽しいから表情も明るいのです。

ビジョンや自信がないのは、孤独ではなくうつ病です。ひとりを楽しまないから、こころがますます暗くなるのです。

うつ病だとお医者に診断されていたひとが、代わってひとのために薬局に薬をもらいに行ってあげます。するとその瞬間から、そのひとの顔に明るさが見えてきます。その薬をもらいに行ってくれた本人自身、その薬を受け取ったことさえよく覚えていません。

だから、お礼などもちろんいってもらっていないにもかかわらず、ひとのために、何かをしてあげたという、ただそれだけのことによって、生まれながらにもっているオープンマインド（自信）を、自覚し、自然にその滑走路を利用して走っているのです。

こうなればしめたものです。うつ病と診断され、自分自身を鎖で身動きできないほど金縛りにしていた自分のこころが、簡単にこのうつの鎖を解きほぐしていくのです。そうなると、いままで何でもひとのせいにしていたのが、自分のせいだと懺悔してみても何ともなくなり、カラッとして気分が平気になってしまいます。

うつだったときは、頑として聞きいれなかった、かたくなな自分が、いともかんたんに自由自在、融通無碍の大空の境涯に生まれかわっているのです。

これこそ、人間、もともと空であり、こころであり、孤独であった証拠です。

「自己を空じれば、総てが自己になる」。禅ではこれを「自他不二の自己」といいます。世間の常識とか思慮分別というものは、あとから分析したものにすぎません。これは本来の生命の働きではありません。自分をすっかり開放し、オープンマインドにすれば、いつでもどこでも、さっと身をかわせるようにできています。仕事だって、他人のためや分別のためにやるのではなく、充実した自分のまことの限りを尽くす自分につくりなおすためにすれば、それでいいのです。

疲れたら休むのがいちばん

うつ病と診断され、生きる意欲を失ってしまった男性が相談に見えました。バブル時代には第一線で活躍、努力と根性で働きづめの人生だったといいます。リストラで職を失ってから、食欲不振、睡眠障害と重なり、自殺という二文字がいつも脳裏をかけめぐっているると訴えられます。

疲れたら休むのがいちばんです。病気だと診断されたら、まず休養をとることです。通院していることを職場に隠して、病気を悪くされる方がかなりいるそうですが、いま、直面している仕事やさまざまな問題を、頭からできるだけ外すようにしてほしいのです。

仕事を休んで適切な抗うつ剤を使えば、八割、九割までが回復します。努力と根性で走りつづけてきたひとは、病気になったいまこそ休むときです。

努力ということばには、結果にたいする期待があるからダメです。結果が悪く出れば、努力しても無駄になってきます。努力しなくても、あなたは生まれながらにして立派な名馬なのです。動くムチの影だけで、即、走り出すようになっています。「アカン」と思ったら、自然に足の裏がプールの底を蹴っています。一生泳げないひとは、足の裏がプールの底にとどかないうちに、もがくひとです。何もがむしゃらに頑張らなくてもよいのです。自分にムチ打って一歩でも出発点で前進しようというのは勝手ですが、ムチまで打って進むときは、すでに出発点で負けています。「生まれてからこのかたの努力をしてきたので今日がある」という考えかたから、自分にムチ打つことになります。生きるとは、自己のこころの奥底にあるほんとうの輝きに触れることです。その瞬間の連続線上に充実した人生があります。

だれもが生まれる以前にすでに特性が備わっており、その延長線上でなければ伸びてはいきません。あなたのなかには、生まれながらにしてエネルギーが埋蔵されています。どのようなときにも前進しようとするエネルギーが、持って生まれた力としてあなたのなかにあります。病気が治れば、それを発揮する時期が自然な形でやってきます。

自分のなかから出てきたものには、ムダなもの何ひとつありません。自分が立てた計画こそ、いざというときにものをいいます。ひと真似のアイデアでなく、ご自分のなかから生みだしたアイデアを伸ばしていってください。ご自分の宝物が、ごっつい大きいステップとなり、いまに大空に羽ばたくときがきます。

欠点をさらけ出しさえすればラクになれる

これまでの職業人生のほとんどを海外勤務で過ごし、社会的にもエリートとして指導的な立場にあった男性ですが、不況がつづくなか、海外支店がつぎつぎと閉鎖されてしまい失職。いまさら、国内の小さな企業での使い走りなんかできないといいます。

このようなエリートを自認しているひとは、取り繕いを捨てて、裸で歩くことからです。そもそもわたしたちは、生まれながらに衣類や鎧を脱ぎ去った裸同士の姿で、勝手に触れ合えるようになっています。その生命力は、もともと人間に備わっているものです。こちらが衣を脱いで接すると、相手も自然に機嫌のいい気分で対応するようになります。

大企業であれ、中小企業であれ、どの場所へ行っても、自分はいつも新入社員だという気持ちでやっていく。相手にたいしてはもちろん、自分にたいしても隠しごとをしないで、その場、その場でありのままの自分で接する態度を、いつでもとれることが大事です。

だれしも自分の落ち目を恥ずかしいこっちゃ、見ないでおいてやと隠したがりますが、これがいけません。ともすると格好の悪いところをごまかして、相手に見えないようにはぐらかそうとしたがる。すこしでも利口に見せよう、相手より立派な自分を見せようとしたがります。

愚の部分に気づいていても、それをひた隠しにします。愚の部分にさわられると恥ずかしいので、腹が立ちます。こうしていつも他人の目を意識して、自分本来の生き方を見失っています。自分の賢の部分だけを養うのではなく、愚や鈍の部分に栄養をつけてやれば、だれに見られようと、何をいわれようと腹も立たなくなります。「養愚」とは、こういう逆転の発想です。現代を生き抜くためには、「徳を陰匿《かく》し、愚を養う」のような基本に忠実な考え方がだれにも必要です。

愚を養うとは、「バカになり切れ」ということです。とはいっても、それは簡単にいくものではありません。だれだって、自分のオツムの程度を問題にされるのはつらい。わたしだって、「おまえはバカだ」と面と向かっていわれて腹を立てます。ところが最近では「その通り。正真正銘のバカ者がわたしです」と、全面に出せるようになってきました。

一生涯学習です。ほかに仕事なんてないのです。自己革新の勉強をしているのが本物かどうか、周囲のひとたちが納得してくれるかどうか真正直な猛直球を投げるのです。バカになり切ってください。

人生、負けることがあっても負けきることはない

研究職でまじめに勤務してきたサラリーマンに、ある日突然の営業勤務の辞令が出ました。それまで一度もやったことのない外回りを若い仲間といっしょにやることになったものの、うまくはいかない。自分よりも若い営業課長には、契約を取ってこいと毎日ハッパをかけられても、目標達成にはほど遠く、死ぬほどつらいといいます。

ここでわたしがいえるのは、つぎの闘いを有利に運ぶためにも、負けても負けきらず、かならず反撃するぞという心意気を持っていただきたいということです。わたしたちの行為は、ひとつひとつ独立しているように見えても、かならずつぎの行為へとつながっているものです。目に見えなくても精神的につながっています。

生きていく過程で、さまざまな困難なできごとに出会ったとき、闘う姿勢を失ってはいけません。人生、負けることがあって当然、仕方がありません。そこで、仕方のないこととして済ましてしまうかどうかが問題になります。負けているのではなく、負けを糧にできるかどうかです。いま負けたけれども、これをつぎにつないでいくぞと考える。先手必

勝でやっていけば、負けても負け切ることはない。

先手を打つには、負けたと気づいたその瞬間に打つにかぎります。あとあとまで延ばしているようでは負けて終わります。簡単に負けてなるものかと、つぎの手をすぐに考える。そしてつぎの機会にその手で相手に立ち向かうのです。

あなたには知恵がたくさん詰まっているのですから、つぎの手はいくらでも出てきます。あなただけにしかできない手を、この手が駄目なら、あの手があるさと打っていく。この手あの手を楽しみながら使っていくうちに道は自ずと開け、さしもの強靱な「困難」という相手との勝負に勝っています。

手を打ちながら立ち向かっていく、この繰り返しが人生であり、その繰り返す回転を止めることなく自ら物となって考え、物となって動くのです。苦労の種類は違っても、だれだっておなじ重さの苦労を背負って生きているのです。ひとに頼って解決してもらおうなど、甘い考えでは物になれません。肝心の人格形成から外れているのです。また自分で動かなければ解決の糸口さえつかめません。愉しいのは自分の人格形成です。だれが見ても大した仕事とは思えないことであっても、その道にわずかの疑問すらもたず、謙虚に、喜々として打ち込んでいく。それからがスタートです。

一歩も進めないなら、横に回ってみることだ

追いつめられて一歩も進めない状態、せっぱつまった状態からもう一歩進める。それにはとにかく行為しかありません。行動するだけ、動くだけしかありません。このような考え方が正しいとか、間違っているなどのこだわりを捨てることです。

正しいとか間違っているとかは、こだわりでしかありません。ひとはすべて生まれながらにして完璧であり、そこに立派に存在しているのですから、自由に気楽に歩めばよいのです。もともとこだわりを捨てれば、勝手に動くもので、これぞまさに「本来自性清浄法身」です。

わたしは、「正しい意見」というものを信じません。ひとかけらの価値もないと思っています。あなたのなかに矛盾があるから面白いのです。

行動が出てくるのは、上か下、右か左、悪い点数かよい点数かなど、矛盾したものがあるからで、そこに絶対無の存在があるから、確かめようという新たな行動が生まれます。

行き詰まったとき、困ったとき、徹底的に悩み抜くことです。そうすればかならず、打

開策が湧いてくるものです。

もう嫌だと思ったら、人間、自殺する材料は数限りなくあります。それだけではありません。何もすることがなくなっても自殺してしまうから、人間というのは始末が悪い。

このようなとき、あなたは立ち往生しているのだから、いったん退却するしかありません。いったん、うしろにさがって距離をおいてから、その壁を見てみる。そのうちに高かった壁も低く見えてくるはずです。

「何だ、こんなものだったのか」

と思うようになればシメたもの。その距離を滑走路にして一気に突っ走る。

それでもダメで背水の陣で、一歩も進めないとなれば、横に回ってみることです。前後左右と上がダメでも、まだ下が残っている。それでもダメなら、穴ぼこでもトンネルでも掘ってみる。死んだ気になれば、どこかに突破口は出てくるはずです。

人間は壁に突き当たり、追いこまれ絶体絶命になるたびに、工夫をしたり反省したりして成長するのです。だから、壁に突き当たることや失敗を怖れていてはいけない。むしろたくさんの失敗や何回もの人生の壁に恵まれたひとほど、ほんものの人格を拡大し、人間としての深みを持ってきます。

あきらめこそ人生最大の敵

あきらめたら人生終わりです。あなたは立ち往生して退却するしかありません。高くそびえた壁の前で、呆然としているだけです。登ろうなんて気力すらありません。敗北者の烙印を自ら押す瞬間です。

生きていればだれにも多かれ少なかれ、大なり小なり、眼前に壁が立ちふさがるときがあります。どうあがいても突破することができない。あなたのこころは、目の前の壁の大きさに堅くなってしまって、右も左も見えなくなっていきます。

この状態では、いくらがんばってみても壁をぶち破ることなどできません。

アメリカでのサクセス・ストーリーのひとり、ポール・マイヤーが、人間の隠された能力についていっています。

「百トンもあるような最大級の機関車でも、停止しているときは、車輪の下にちいさな木片の車どめを置いておけば、動きだすのを未然に防ぐことができる」

停止している機関車は、それ自体が動き出すだけでも、莫大なエネルギーを必要とします。だから、ちいさな木片を置いただけでもアウトなのです。とてつもなく大きく見える壁であっても、見方によっては、こんなちいさな木片なのかもしれません。

だいたい人生の壁とは、目に見えるものではありません。あなたという機関車は、足もとのちいさな木片が見えないだけに、あせったり、いらだったり、自暴自棄になっているのかもしれないのです。そして、結局、あきらめてしまう。

サーカスの象もまた、一トンの物体を鼻で軽々と持ちあげることができる力があるのに、ちいさな木の杭につながれておとなしくしています。これはちいさいときからビクともしない鉄杭に繋がれ通しで育てられてきたからだそうです。そのような環境で育ってしまうと、つながれただけで、「もう、ダメだ」とあきらめてしまいます。象は鉄と木の区別がつかないのです。

「わたしの力は、この辺どまりだ」というひとは、この象なみの頭だといわれても仕方ありません。自分の能力を自分自身で縛りつけて動かそうとしないだけなのです。

あきらめは最大の敵です。見えない壁、存在しない重さを、存在するものと錯覚して引き下がってしまうひとがどれだけ多いことか。

どんな困難に出会っても、とにかくあきらめずに立ち向かっていくことです。

どん底でこそ肚がくくれる

悪いときはどん底にある気分ですが、悪いなりに気力をもって生きていかないとダメです。悪いときだからこそ、馬力をふりしぼって逆境に立ち向かっていくのです。

それには、まず、環境に負けない精神力がご自分の源底にあることを知ってほしいのです。逆境をはねのける先祖代々から受け継いだ底力があることを信じてほしいのです。

人生にはさまざまな転機があります。一夜明ければ、絶頂のてっぺんから、絶望のどん底に突き落とされていたということが、珍しくはありません。これは世のなかの日常茶飯事です。そういうときに、どう腹をくくるかが、人生最大の問題となってきます。

当初は、意気消沈して見るかげもなく落ち込んでしまって当然。がんばってきた結果が実を結ばなかったのですから、元気をなくしてもいたしかたありません。

こんなときは、やけ酒でも思いきり飲んで二日酔いの苦しさで、人生の苦悩を帳消しにするのも悪くありません。二日酔いの苦しさは、自己嫌悪が大部分なのですから、いずれは起きあがらずにはいられないものです。

自分の嫌さ加減に気づいたら、寝ていた体をムクッと起こす。起き上がったときは、失敗や挫折などの嫌な気分を、アルコールの毒素といっしょに小便のなかに流し出してしまうことです。問題解決は、その洗礼を受けたあとです。たとえば、左遷されたら、

「おれはこの辺どまりの人間だ」

とはぜったいに考えてはいけません。居直ってしまうことです。

「おれは超一流品だが、あいにく上にひとを見る目がなかっただけだ」と。

「バカにするな！」という心意気で殴りかかっているひとのほうが、よほど見込みがあります。その気力で新しい環境に立ち向かっていく。そうすれば環境に押しつぶされることもありません。弱気になればたちどころに押し流されてしまい、転覆します。

大海のまっただ中で台風に遭ったとき、船の船長はへさきを風の方向に向けて、アンカーをおろし、怒涛にまっすぐに立ち向かっていきます。

こうしなければ、船体が横に向いてしまい、大波を脇腹に受けてたちまち転覆してしまうからです。そんな状況でやたらに前に進めというのではありません。顔を困難な状況に向けて、深く錨をおろして立ち向かえといっているのです。

この反発心さえ芽生えれば、もうあなたは立ち直っています。

むちゃくちゃ挑戦あるのみ

孔子のことばに、

「朝に教えをきけば、夕に死すとも可なり」

というのがありますが、わたしはこれでは生ぬるいと思います。

だれしも夕方まで生きているとは限りません。いつ交通事故に遭うかわからないし、大地震がくるかわかりません。人間はいつ死ぬかわからないのです。

だからこそいま、この瞬間を死ぬ気でがんばるわけです。がんばるということだけが生きている証拠です。いま、これをやらなければ死ぬんだという考えで事に当たることです。

仏教だとか、禅だとかいうと、何かこころの平安とか静寂とか解釈されていますが、実際はそのような墓場の平和みたいなものと違います。仏教や禅は、人間が本来的に持っている生命エネルギーを完全燃焼させるための酸素供給が任務なのです。

白隠和尚はいっておられます。

「若い衆どうせ死ぬならいま死にやれ

「一度死んだら二度死なぬ」

これはいくら座禅をしても、ただ座っているだけでは棚からぼた餅は落ちてこない。死に切って座れ。そうでなければ、どんなことにも徹底することができないという意味です。

「寒時は闍梨を寒殺し　熱時は闍梨を熱殺する」

ということばがあります。闍梨とは坊さんのことです。これは坊さんへの戒めのことばで、修行している僧に与えたものです。

自分に厳しくあることとは、坊さんだけでなく、だれにも変わりありません。寒いときには、とことん寒いところで凍りつくまでやれ、暑いときには、とことん暑さで焼き殺されてしまえという意味です。

殺すとは、命を捨ててかかり、あくまで自分がもっている成績更新に挑戦することです。このくらいでいいといっていてはいけません。むちゃくちゃ挑戦あるのみです。

ゼロまでいってダメならマイナスまで。それでもダメなら氷点下のところまでいけ。これでいいという世界はどこにもない。精いっぱいやったというのでは、お話にならない。

「さらにまた、やらんならんのや」

そういってやっていくところに、ひとを惹きつけるものもあります。

第2章

この手がダメなら、あの手がある

他人の評価なんか気にするな

「和尚さん、わたしは他人にどう思われているのか気になって悩んでいます。みんなわたしが嫌いらしい。わたしがいないところでは、陰口ばかりです。他人の顔色ばかりうかがってビクビクしています」と、若い女性がいいます。

まず、わたしがはっきりいいたいのは、他人のくだす評価で、自分にたいする信頼感を失うような愚かなことをやってはいけないということです。自信ということばを、しっかり正しくとらえていただかないと、そのような錯覚に陥りがちになります。正直な、ありのままの自分でいいのです。ひとというものは、調子がいいときにはほめますが、ちょっと落ち目になると、とたんにけなします。だから、他人の評価のいい加減さに裏打ちされた自信は、ほんとうにもろいものです。真の自信だとはいえません。

ともすると、他人から与えられた評価が自信につながると考えられがちですが、それは錯覚です。人間だれしもほめられればうれしいし、けなされれば腹が立ち、悲しい。それは仕方がありません。うれしければ喜べばいいし、悲しければ泣けばいい。

「自信を持ちたい」といいます。「どうすれば自信を持てるか」と聞かれます。わたしはこういいます。「自分にたいして勝ちぐせをつけることだ！」と。

自信とは、自分自身の生き方についての信念を持つこと、その信念を見失わない強い精神力を持つことです。強いこころで一瞬を大事に生き切れば、一所懸命であれば、だれでも自分が歩いていく道を信じることができます。これがほんとうの自信です。

自信を持てないと、活気のない人間になってしまいます。失敗は許されないという気持ちが強すぎるのです。失敗してもいい、気楽に恥をかけるという場所では、決してそのようなことはありません。

恥をかくというのは、皮を切られることであって、骨まで切られているのではありません。切られて自分の欠点が吹き出す。せいぜい悪い血がちょっと出る程度で傷はすぐにふさがるのですから。

その信念を持ちつづけて生きれば、いつしか自分に勝ちぐせがついてきます。知らずしらずのうちに、気づかぬうちに、いつの間にか勝ちぐせがつき、その蓄積が堅固な自信となり、他人の評価なんかで動じなくなります。自信ばかりか、ひとつのことにとらわれない不動心まであなたのものになります。

運、不運はあなた自身が握っている

先日、まだ若い青年が相談に見えました。

「僕は人見知りが激しく、極度の内気で仲間もできません。中学卒だからなかなか仕事もなく、これまでも仕事を転々としてきました。バイク事故では何度も入院したし。なぜ僕だけこんなに不幸なのか、生きていくのが嫌になります」

運、不運はあなた自身が握っているのです。幸運であるとか、不運であるとか、運に振り回されているのは、比較の世界で生きているからです。運がいい・不運だ、金持ちだ・貧乏だ、バカだ・利口だといった相対二元的な価値観で振り回されていてはダメです。

いま目の前の難関を何とか乗り越えようと必死である。その一所懸命な姿に、ひとのこころは感動して協力します。そのような人物は人望を得て、いずれ運を呼び寄せます。

安易な比較の世界で生きているひとほど、悩みは深いのです。同僚のボーナスが自分より多かったからといって憤慨し、そのくせ自分が毎日の仕事に己れを燃焼させたかどうかかえりみません。また、他人が五十万円もらったら、こちらは六十万円欲しくなる。そのようなことに執念を燃やし、欲求不満で身を焦がしてしまっています。そういう相対の価値観に振り回されていれば、自分を見失うことになります。

他人との比較論で欲を出すからおかしくなります。自分自身の可能性に賭けて、死力を尽くして奮闘する。意欲をなくしたら死んだも同然です。だからといって、出世欲をむき出しにし、他人を蹴落としてまで出世しようというのは、意欲のはき違えであって、そのつまらなさを知る必要があります。欲望を意識せずに、明日のためにでなく、現在の仕事に夢中になって取りくんでいれば、運はひとりでこちらに転がってきます。

人間は、その場、その場で、精いっぱいやって生きていけば、自ずと天から授けられた寿命がきて命が尽きるようにできています。運も不運もないのです。

「人事を尽くして　天命を待つ」といいます。これは、することだけのことをしたから、その結果は運にまかせるしかないと解釈されています。でも、その解釈は間違いです。「人事を尽くす」とは、「そのとき、その場で、精いっぱいがんばる」こと。「天命を待つ」とは、「天から授かった寿命を待つ」こと。正しい解釈は、「そのとき、その場で精いっぱいやっていれば、そのうちに自分の寿命も尽きるのだ」ということになります。これが人生、そのものずばりです。

最初からうまくやろうなんて思わないほうがいい

「何をやってもドジばかりで、会社に行くのが嫌になります。みんな、どんどん仕事ができるのに、自分はまた失敗をしでかすのかと思うと、手も足も出なくなって。いっそのこと辞めようかと思っています」と、若い男性がもらしました。

何かことに当たると、「とてもあきまへんわ」と尻込みしてしまっています。失敗して傷つくことを怖れてはいけません。「とてもあきまへんわ」と、後ろ手で眺めているのではなく、とにかく着手することです。できるところから進めていけばいい。

環境についてとやかくいうよりも、まず自分のこころを転じ動かし、運ぶこと、働くこと、体験することからです。失敗を怖れていたら、一歩も前進できません。このようなひとは、自分の持ち前のペースでやっていくに限ります。

修練を積んだプロの仕事を見て、神わざと思い込んでしまうから踏み出せなくなってしまうのです。完成したものの表面だけを見れば、神わざにも見えてきます。でも、その裏側の苦闘を知れば、それは決して神が作ったものでないことがわかるはずです。

人間がやったことだから、まずい部分もあるはずです。このぐらいのことなら自分にもできるはずだ、こう思ってすこしずつ始めていってみればよろしい。最初からうまくやってやろうなどと力んでしまうから、とんでもないことに出くわします。力を抜いて、まずゆっくりとスタートする。

だんだんスピードアップしていく。アクセルを踏み込んで、お茶でも飲みながらギアチェンジをしていけば、自然にスピードは上がっていきます。

この要領で仕事に取組むと、怖れていたことも難なく乗り越えられます。

それで失敗したら、またやってみる。この手がダメならあの手があると何度でもトライしてみる。失敗して叩かれても、満身創痍になっても、全力をあげてぶつかっていく。その勇気さえあれば失敗など、どうということはありません。

「死んだとて、損得もなし馬鹿野郎」

明治維新の政治家であり、剣客でもあった山岡鉄舟のことばです。

泥をつけずに生きようと思う、そこがいかんのです。

失敗しないためのコツは、いかに精神集中できるかの精神力にかかっています。精神集中は、周囲に気をとられて、立ち止まっている状態では絶対にできるものではありません。

仕事は好きでするのではない

「契約を取って来いばかりでつらい。営業の仕事が気に入らないんです。ワンマン経営で職場にもなじめないし、人間関係もうまくいかない。孤立状態だから辞めました」

この不景気の時代に、あっさりと会社を辞めてしまったといいます。まだ若いから、フリーターをやっていれば、食べていけるという。仕事は好きでするのとは違います。好きと違って、その仕事にたいして真剣に取り組むかどうかだけです。それしかありません。

どんどん時代が変わっているのに、こんな調子でやっていけるのかと、いつも自己革新を考えているひとがベテランです。ベテランは、好きでやっているのではない。ひととなって考え、物となって動くひとです。これがないと仕事がいやになります。だから、「わしはこれがきらいや。わしの性に合わへん」と、たくさんのひとがやめてしまいます。最低線の一銭でもいいからそれを拾ってやっているうちに、一万円のお客様がきてくれるということがわかっていません。

むちゃくちゃなやり方をされて失職しているみなさんは、違う形が突然目の前に現れて自信をなくしてしまっているし、急激な変動幅についていけなくなってうつ状態に陥っています。世間がそのような時代ですから、自分が好きでほれ込んでやってきた仕事もできずにお手上げの状態になっているときに、初めてひとの痛みもわかるようになるわけです。「金あるねん、知識あるねん、技術あるねん、肩書きあるねん」といって、そういう自分の持っている権利に固執する。そのようなシステムのなかで働いておられるのだから、それはお疲れになるわなあ、という理論がでてきます。

企業が持っている不動産が許されない時代になっています。持っている財産は、今日はあっても明日は消えている時代です。財産など、もう吹けば飛ぶものでしかない。だから社員に対する考え方が違ってきます。今日成績をあげてくれなかったら、その社員をたちまち追い出すというわけです。

これまでは企業も財産を持っていたから、まあ、三年ぐらい待っててあげたらちゃんとできる子になるだろうと、待ってくれていました。もう企業は待ってはおられないのです。今日採用したらもう実戦力として証拠を出してくれとなります。値打ちのあるものだったら、値打ちを発揮してくれというわけです。こんな時代には、自分で自分の血を湧かすことです。己れが己れを知って、どこまでも謙虚にぺーぺーの自分で取り組むに限ります。

思うようにならない相手の場合

職場の若い仲間たちが思うように働いてくれない、リーダーとしてやっていくのは、荷が重すぎると、職場ではベテラン女性がいいます。彼女は責任感が強く、何でも完璧にやろうとするため、気があせって、強い態度で仲間を責めたり、大声で怒鳴ってしまう。みんなをまとめていくのに疲れてしまったと。

こんな女性は、まず、自分をゼロにし、自分を殺すことからが出発です。いや、マイナスからの出発です。自分の面目を丸潰れにして自らをきびしく見つめるのが自分を殺すことです。

たしかに仕事は真剣勝負です。真剣勝負なのですから、相手を八つ裂きにする気迫でかからなければダメです。ここでいう真剣勝負とは、自分を殺して相手と対することです。

それがあなたを強くし鍛えてくれる。相手がどうのこうのというのではありません。

何もかもうまくやろうとするのと違います。いま、あれこれ迷っていては、地獄の苦しみしかありません。とはいっても、いうは易しで、わたしたち凡人が、死んでもともとの心境には、なかなかなり切れるものではありません。

至道無難禅師の歌があります。

「生きながら死人となりてなりはてて、思うがままにするわざぞよし」

死んでもともと、現在の瞬間を生き切っていれば、生きるも死ぬも関係ない、死んでいるのと違いはない、死に切ることが生き切ることだといっているのです。

また、柳生石舟斎の道歌に、

「斬りむすぶ太刀の先こそ地獄なれ、たんだ踏み込め先は極楽」

というのがあります。柳生石舟斎のような剣士だって白刃を前に構えると、金縛りになって地獄だとビビッているのです。

いわんや、修行の足りないわたしたちにおいておや、であって、そこまでできるわけがない。どうしても思い通りにならない相手と対するとき、その相手のほうに今日こそ鍛えてもらおうと頭を下げることです。それが自分を殺すことです。

自分が相手を鍛えるのではない。謙虚になって相手に鍛えてもらうのです。嫌な人間関係を生きいきしたものにもっていくには、それしかありません。まな板の上の鯉の心境になって、さらに、さらに鍛えてもらおうとする意気込み、それが自分を殺すことです。

上および下、どちらへも行ける力強さ

「俺の力は、このへんどまりだ。現実に壁が立ちふさがって一歩も進めない」「あの人がもう少し助けてくれたら」「うちの先生がもっとよく教えてくれたら」「うちの経営者がもっとちゃんとしてくれたら」

このような依頼心だけを頼りに生きているひとは、自分の能力を自分自身で縛りつけて動こうとしないだけです。まるでお化けのように生きているわけで絶体絶命がないから、その代償として情けなさだけが全体を覆います。

もちろん、人間はやらなければならないものが山ほどあります。勉強、試験、恋愛、仕事、いちいち数えていたらきりがありません。加えて、妻もいれば子どももいるとなれば、これらが全部巨大な壁になって、あなたの前に立ちふさがってしまうかもしれません。

わたしが仏法の話をするときに、正座をしたほうがよく聞けるか、足をくずしたほうがよく聞けるか、それはどちらでもいいのです。正座をして聞く、および（和）足をくずして聞くということです。そこに「および」があるところで、初めて自然な姿で話が聞ける

のです。「正座して聞かねばあかんのや」といってしまっては、よく話が聞けません。また、わたしが大きい声で話したらいいというだけではない。大きい声、および、小さい声で話すのがよく通ります。上、および、下、悪い点、および、よい点など相矛盾したものを上下に用意して、その間に「および」を入れます。これが自然に動くということです。

正しいとか、間違っているとかいうのではなしに、二つの相対する幅の間を、しなやかに行き来しながら生きていける。これが自然で尊いのです。

有難いことに、わたしのお寺には、たくさんのお客さまが来てくれます。お客さまがわたしを育ててくれようとしているのです。それはお客さまがお寺にたいして求めているものが不均整だからだと思っています。あまりに均整がとれたものだと、ひとは近づいてくれないし、だれも来てくれません。お寺というのは、静かな拝観客もないところにお参りさせてもらったほうがいいか、ワイワイ、ガヤガヤ祭りみたいなものがいいか、どちらが正しいというのではありません。また、お寺の拝観者がたくさん来るお寺、および、観光客が来ないお寺、そのどっちもが素晴しいものです。それら二つの素晴しいものを二つながら組み込んだ広い視野で動く時、自然に上手に働ける状態が生まれます。

クビを怖れていて、仕事はできない

「どうも、クビになりそうです」

と相談をもちかけられたら、間髪をいれずわたしは答えます。

「そうか。めでたい。『ありがとうございます』そういってクビになりたまえ」

クビになってしまったというならば、何とかなります。泣きわめいて、生きるの死ぬのと大騒ぎをしても、時間がたって頭にのぼった血が下がれば、一から出なおしでやり始めるのが人間だからです。

クビになりそうだと青い顔をしているのは、クビになったら食えなくなるのが怖いからです。仕事に裏づけされたメシを食わずに、ムダ飯ばかりくらってきたら、自信というものがあるわけがありません。クビクビ……と何回も唱えてみなさい。そのうちにビクビク……となってきます。クビにビクビクしているようなひとが、まともな仕事ができるわけがありません。

だいたい、クビになるとかならないとか、そんなことを考えて仕事をしている人間はダメです。失敗しないことだけを考えますから、周囲の顔色ばかりをうかがって、自分から体を動かそうとしません。まるで自分というものがないのです。

このようなひとが百人集まっていても、ひとによりかかってオコボレちょうだいで生きている集団になりますから、ひとりの骨っぽい人間が出てきたら、簡単にやっつけられてしまいます。ギャアギャア泣いているだけのこのような人間集団は烏合の衆以下です。

弱い犬ほどよく吠えます。怖いから吠えるのです。ビクビクしているから威嚇にでます。こういう犬が泥棒に立ち向かって噛みついたという話は聞いたことがありません。強敵が来たら、しっぽを巻いて逃げるに決まっています。

体当たりで仕事にぶつかっている人間なら、もし失敗してクビだといわれたら、「さようですか。しからば、ごめん。ありがとうございました。いい勉強になりました」と、さっさと荷物をまとめ、にっこり笑ってご退場となります。

むかしのひとは、「男は辞表をポケットに入れて仕事をやれ」といいました。そのくらいの覚悟でかからないと、ほんまものの仕事はできません。ほんまものの仕事ができなければ、いつまでたっても自信がつかない。自信がなければクビが怖い。だから悪循環になってしまうのです。

遊ぶのなら、徹底的に遊べ

遊びに中途半端な人間は、仕事にも中途半端です。徹底的にやり抜いて三昧の境地に達していれば、もはや遊びとか仕事かの区別はない。こうなったらりっぱな人生の事業です。会社に一か月ほど勤めたと思ったら、すぐに辞めてしまい、競輪、競馬、パチンコ、マージャンと日々多忙に過ごす。なるほど自由は結構と思っていたら、一週間もすると遊びにも飽きてきます。

こんなのは遊びや仕事に飽きるのではなく、自分に飽きがきているのですから、何をやっても長続きするはずがありません。すべてに徹底できないからです。会社を辞めて遊ぶのならば、三年寝太郎ぐらいの覚悟で、徹底的に遊びまくるほうがいい。その遊びのなかから、ほんものが見つかってくるかもしれません。

それでも何も出てこなかったら、自由だの何だのといわずに、もう一回やり直せばいいだけです。

あなたが持っているあらゆる力を結集して、いまどう闘っているか、その闘いぶりが問題です。生き方として精いっぱいやっているかどうかです。歯をむきだし、目をぎらつかせ、口角泡を飛ばして相手と立ち向かっている姿が尊いのです。

人間はそれぞれの生をまっとうしていれば、それが真理です。書物のなかにだけ真理があると考えているのであれば、それは間違いです。自分の周りにあるものすべて、花が咲くこと、虫が鳴くこと、腹が減ること、身の周りに起きることに、いつも新鮮な感動をもって見、そして学び、遊ぶ。これが一途になって取り組んでいる姿です。そのつどムキになり一途に取組み立ち向う姿勢が宝です。そのときあなたは、ほんものの鬼になっています。仏に抱かれ、仏に助けられ、孤独のなかにりっぱに生き抜くひとこそ、鬼です。鬼になり切るひとはすばらしい。ありとあらゆることに鬼になり切った姿は、ほんとうにひとつのものになり切った姿です。

仕事の鬼に徹するとは、他人のこともかまわず出世のことしか頭にないというのとは違います。また、仕事に没頭して、家庭をかえりみないのとも違います。勤務先での仕事が忙しいのを口実に、夫として父親としての務めを果たさないようではダメです。家では家の仕事に没頭する。それぞれが、それぞれの場所で自分になり切り、生きる命を一途に燃やすということが、ほんとうの意味での仕事の鬼です。

ピンチになったら、息をすっかり吐き出せ

ピンチに見舞われたときは、まず腹式呼吸で大きく息を吐きだしてしまいます。そのあとでゆっくりと深く息を吸う。これをしばらくやっていれば、たちまち血圧の二十ミリ程度は下がって、多少ながら動揺はおさまります。

座禅ではこれを「数息観」といい、この呼吸法は精神と肉体の健全さを維持するために欠かせないものだとされています。息を止める、息を殺す。これがカギをにぎります。

吐く息に力を込めます。吸う息については、「いつの間に?」という感じで、下腹に充満させます。親に生んでもらったときのままに充満した体内の生気が、毛穴から息となって湧き出します。これぞあなたが宇宙と対等のすばらしい自然の力です。

ロクロの上で鶴首の花入れを作ります。首の根っこを指で押さえてやると、スルスル首が伸びて、みるみる粘土の鶴首花器ができあがります。そのときに息を止め、息を殺して作った鶴首と、途中で息を吐いたり、吸ったりして雑念が入って作りあがったものでは、粘土細工で見る限り、何の変化もありません。

ところが、これをいったん窯に入れて火を入れてみると、完全に勝ち負けがきまります。火の回りが悪かったからだろうと入念に火の回り具合を検討してみても、それではありません。己れの雑念が加わると、粘土を押さえる指の圧力が微妙に狂い、呼吸した場所、雑談しながらやった部分のそこが直立するに耐えきれず、その部分から曲がるのです。

ピンチに陥ったとき、どうしたら脱出できるか。それはピンチに動揺しないで平常心を持ち、ありのままで対応できるかどうかにかかっています。ピンチに動揺しないこころとは、ものごとにとらわれないこころです。あれやこれや迷わないこころです。

植木鉢の底に穴があいているのは、水がたまれば植物が根ぐされを起こすからです。植木鉢を人間の器だとすれば、人間も穴があるから生命は大自然と一体になって息づくことができるのです。鼻の穴は余分なものを吐きだし、またそこから新鮮な空気を取入れるために重要なものです。人間の体全身に穴があるからこそ、生きていけるのです。

ピンチになったら、息をすっかり吐きだし、ゆっくり吸う。これに専心していると不思議なもので、だんだんこころの動揺がおさまり、平常心になります。つぎにやるべきことが見えてきます。何ごとにつけても動きのあるところ、自ずと道は開けてきます。

頭で迷う前に呼吸をする。ただただ吸う息、吐く息をするだけです。

雑念なし。スタートしたら、そのまま突っ込め

取口は多少違っても、また頭がいいとか、男前だとか、体が不自由だとか、いろいろひとがいってくれても、そんなことにとらわれる必要はありません。そんなことにかまわずに、それとは関係なしに、どーんと生き切る。押し切ってしまう。そこになり切る三昧ということばがあるだけのことです。

三昧というのは、精神を集中して気を散らさないことで、無我の状態です。スタートとゴールはひと息で生きるのです。スタートとゴールの間にものを入れて、休憩したり、悩んだり、何でこんなことでこんなスタートを切ったのかと思っていたら、ほんものといえません。そのまま突っ込んでいかなあかん。その間、無でなければもったいない。

「生死事大」といって、生きることと死ぬことは、事が大きいという意味にとりますが、実は、これはふつうのことです。死は生の向こうにあるように見えるのですが、実際はみんな毎日毎日、死につづけているのです。生まれたら死ぬ。生も死もひとつです。

わたしたちの体の実体は、想像を絶するようなすばらしいものでできています。だから

生きられるのだし、死ぬこともできる。

　だからくだらないことにもムキになって取り組む。人間はそれぞれの生をまっとうしていれば、それが真理です。身の周りのことすべてに、いつも新鮮な感動を持ってそれを見、そして学ぶ。それがほんものの生き方です。

　ソクラテスは女房のヒステリーに悩まされて、人間とは何であるかを考えていたらそれが哲学になった。ファーブルはアリンコと遊ぶのがおもしろくて、大人になってもその癖が抜けなかったから、昆虫記が書けた。ニュートンは散歩中にリンゴが落ちるのを見て、万有引力の法則に気づいた。これらはすべて、世界のひとびとがくだらないとして目にとめなかったことばかりです。

　くだらないことにも、精神を集中してムキになって取り組む。その命がけの姿は、なんと魅力的ではありませんか。そのように生きている人生の師は、周りにもいくらでもいます。困難な状況にたったとき、「あのひとはこういうとき、こうやったんやな」と教えてもらうことです。身近な人間に学ぶことです。

　社会というものは、もともと学校で教える教科書的な知識なんか、てんで通用しないようにできあがっています。自分の信じる道にどーんと頭から突っ込むことです。

一生、人力車でいい

ひとがなんといおうと、気にしていたのでは仕事になりません。

わたしのことも、あれこれいうひとがいます。

「ああ、人力車みたいに仕事をしよって」

そんなことは、わたしにとって関係ありません。世間のひとをひとりでも人力車に乗っていただき運搬させていただくことによって、ひとに喜ばれるし、体の不自由なひとも助かると思うからです。それだけでこっちは満足しているわけです。

何億ものお金を狙わないで、一生人力車で終わるのかと、いいたいひとはいえばいい。どんな仕事でも有難いなあと思うからできるのであって、ひとがなんといおうと、とらわれることはないのです。

親子という関係も、「こうあるべきだ」ではなくて、自然に結びついているものです。親の良いところを見ていたら、子もまた自信をもって、親のやっている通りにやろうとします。親がやっていたから、いいことだと思って子どももやるわけです。子は親のもっている財産を足場にして成長しています。

親であるとか、子であるとか、そのようなこだわりを捨てなければ空になれません。親も子もそれぞれ自分が中心であって、それぞれがいちばんなのです。それぞれのひとが、峰の上でもいちばん高い山です。いちばん上にいるから、仕事をしてこれたのです。

ひとがいうことを気にしだすと、毎日くよくよ、うじうじ生きることになります。そういうひとにかぎって、威張りくさったり、反対にいじけたりして、人生をうしろから数えて、あと何年なんていいだします。自分の人生は自分でつくっていくべきもので、親、兄弟、他人などの人生に寄りかかっても始まらないのです。

自分というものを枠にはめず、自然に手足を動かして、面白いことを工夫しながらやってみることです。人生の達人といわれているひとはみな、ひとがつまらないと捨ててかかることを、面白くするために命をかけてきたのです。

死んでもともと、でっかく生きな、いけません。わたしに対して、わたし自身がどれだけ仕事ができるか見てやろうというわけです。ひとがどう思おうと自由です。

わたしだって死にとうないと思っています。やっぱり、この命あるかぎり大事にしようと思っています。安物の命でも、延ばしたら役に立つこともあろうかと。

第3章

人はみな生命共同体

黙っているだけで心のすべてが把握できる

「和尚さん、わたし……これから自殺しようと思いますねん。どないしたらよろしいやろ。どうしよう……」

こんな電話がかかってきます。これまで何度も自殺を試みては失敗し、そのたびに入退院を繰り返してきた二十代の女性。電話がかかってきたときに、わたしは受話器を持って、ただ黙っているだけです。自殺しようとするひとを批判するのではない。身につまされてひとごととは思えないわたしです。生命共同体です。

黙っているだけで、返答に困っているこのわたしから、先方はことの決着の難しさを把握するし、そのひと自身の今後の身の振りようまで、自分自身で見つけ出していきます。

何かよいアドバイスを考えるのとは違います。そのときのわたしは、自然にその相手の身になっているのです。実にみごとにそのひとの身になっています。打てば響くように、すでに向こうの質問そのものが答えになってくるのです。そのとき、わたしたちの生命体というのは、相手とひとつこころになれます。

「あなたは死んでいくひとだ。わたしはここに生きて残っているひとだ」

この思想があるかぎり、ひとつにはなれません。ひとはみな生命共同体でできているのですから、相手とひとつになれるのです。

こころとこころで通じたものは、そんなことばや文字で答えるものとは違うのです。黙っているだけで相手のこころのすべてを把握するものです。向こうといっしょになって、みんなひとつにならないと自然が協力しません。親切といいますが、親も切もいっしょで、ひとつでないと意味がありません。口でいったものは、ぜったいに相手に通じません。ことばとも違うのです。

ことばと違って、自殺したいというひとのこころに出てくるその気肌がそのままこちらの気肌になっているわけです。それはわたしたちの体のなかにある協調性とか、バランス感覚とか、バイタリティーとか、いろんなものでできているものです。

こうして先方は、その息づかいだけでわたしの生き方をぐっと把握していきます。それほどに生命体というのは、すばらしいものです。間違った文化のようなものを身につけたひとに相談をもちかけても面白くありません。ほんとうにこころが通じた相手には、黙っているだけでもこちらのすべてが把握できるのです。

いっしょに悩み、ひとつになって考える

「いつも背が低いことが気になり、最近では外出もできなくなってしまいました。ひとの目が、自分をバカにしているように突き刺さります。小学校からずっとバカにされつづけ通しです。就職もできません。どう考えれば気が楽になるのでしょう」

背が低くて悩んでいる女性が訪ねてきました。そのとき、わたしはそれを打ち消す「クモの糸」を出します。そこに一縷のクモの細い糸があったら、わたしは太い糸に変えていくことができます。

彼女に会って、「ああ、よかったなあ。よく来られたなあ」というわけです。長いことここに来たいと思っていた気持ちが、こちらにも伝わってきます。

「こんなにきれいなお嬢さん。わたしも結婚したいわ」

と、ついわたしは口から出してしまいます。相手の苦しみを奪い取るのです。

背が低い悩みを奪い取るには、そのひとのよいところをいろいろ見ます。電話かけてくれた、ここに来てくれた、そして話を聞いているうちに、向こうの喜ぶものが出てきます。

そのときは、１＋１＝２といった答えは出てきません。「１＋１は？」と聞かれたら、わたしは、「１＋１やろ？」と一緒に悩み、考えます。だから、向こうと気が合います。自分が持っているもの、思想、イデオロギーでも、みんなお荷物になってしまいます。それによってしばられてしまいますから、それを抜き取ってしまうのです。悩みごとの相談があったら、相手の悩みごとに一生懸命になれるわたしがあれば、相手はわたしのために一生懸命にもがいてくれます。

それこそがほんまものの自然の姿です。ひとつになって考え、ものとなって動くことが大事です。これは公案といって、禅で真理を悟らせるために考えさせる問題のひとつです。公と私とが解けあい、仲良くすることです。礼法の礼もみなそうです。礼儀の礼とは、「わたしと話するときは、扇子を前に置いて頭を下げるものです。あなたはいったい何してるんですか」といったら、それをいったほうが礼に欠けているわけです。礼とはかならずとけ合うために、仲良くするためにあるのです。「和をもって尊しとなす」です。

こころからこころへ通じ合うのは、どちらがどっちへというのではありません。わたしとあなたとは別々なものだけれども、こころというきれいな鏡で、おたがいに映し合うものです。そのなかで彼女は元気を取り戻し、喜んで帰ってくれます。

気は長く、こころは丸く、腹たてず

人生の大半をただ仕事一途にやってきた男性、しかももう若くない。還暦をすぐに迎える年齢になって、突然、糟糠の妻に死なれて仕事が手につかなくなってしまった。絶望感、孤独感がつのり、体調をくずして、生きていくエネルギーがなくなってしまった。死にたいという相談があります。

うつ状態で、ビジョンとか自信が出てこないといったひとたちが、近年とくに増えています。わたしがいつも新聞を読むのは、ただただその理由を知りたいためです。

いまの時代は、家族みんながバラバラになってしまいました。みなさん孤独に悩んでおられます。子どもは、ご飯をみんなといっしょに食べたらうっとうしいから、勉強部屋に持っていって、ひとりで食べています。夫婦で暮らしていても、主人が居眠りしたり、寝言をいったり、いびきをかいたり、おならこいたりいろいろします。それがいやだと別々の部屋で寝るようになります。

たしかに、ひとりひとりのほうが、はるかに寝やすい。でも、それをやっているから、いつの間にかバラバラになってしまうのです。ひとりだけの世界に放り出されてという感じになってしまいます。

「気は長く、こころは丸く、腹たてず、ひとは大きく、己れ小さく」

という教えがあります。わたしのこのくだらん話を、一生懸命に聞いてくださる方がおられる。わたしのような話は、こころがギスギスしていたら、耳に入るはずがない。腹が立っていたら、わたしの話なんて聞けません。また、わたしをバカにしていたら耳に入りません。わたしを立派だと思ってくれて、自分を小さくしているから入るのです。

教えとは、そのひとがみんな体得しているものです。それを教えとしているのです。生まれながらに持っているものはこういうものですよと、これはすばらしいものですよと出しているのです。

さまざまなことを相談されて、これまでは、こういうふうにしたらとか、ああいうようにしたらとかいっていたのですが、最近では喜んで帰ってもらうようにしてます。「ああして帰れたら、また、大仙院を訪ねようという気持ちにもなりますわ」といってくれるかたもおられます。そのようにさせていただけることが有難いだけです。とはいいながら、そんなことはまったく関係ないのです。ここはすべて自分の修業道場だからです。

何をたじろぐ、傷つくのが怖いなんて

他人とうまく話をすることができず、友人もできない。すぐ「ひとりでいるのが気楽でいい」と思ってしまいます。傷つくのが怖くて、積極的に友人をつくることもできず、すぐたじろいでしまう。このままでいいのだろうかと悩む男性がいます。

この男性には、何をたじろいでいるのかといいたい。傷つくのが怖いといいますが、あなたには傷つけて困るほどの何があるのですか。たじろぐなんか、もってのほかです。たじろぐひとから、不平不満がでてきます。ちょっとした難関にぶつかると、「どうしたらええんやろ」と、足をすくめます。足をとどめたとき、眼前の難関はさらに険しい難関になってしまっています。そしてこころのなかでは、「だれか助けてくれへんやろか」と思うようになります。

たじろぐひとはまた、ひとつの場所でたじろぎ、場所を変えるとまた、つぎの場所でもたじろぐ。そして、いつだって不平不満が絶えません。永遠に自分はついていない、自分は不幸だとわめきます。

高層建築の建築現場、板一枚下、ひとも車もちいさく見える。「怖い。高いところに来てしまった」と思います。その瞬間、あなたの足が動かなくなる。ちょっと足を踏みはずせば、生きてはいられないという思いがよぎる。このときの状態を、たじろぐといいます。わたしたちのことばでいう擬議です。

たじろぐひとは決まってこういいます。「こんなところに立って嫌やなあ。もっと、いいところだってあるだろうに。なんで自分ばっかり、こういう目にあわにゃならんのや」と。いつも自分のいる場所よりもよいところが他にあるはずだと思っているのです。たじろぎは、劣等意識から発生しています。「わたしはダメなんだ」、「ぼくはこの辺止まりの人間でしかないのだ」と。

あなた以上に尊いひとはいないのです。あなたのなかには、すばらしいものがいっぱい詰まっているのです。それは使いようで毒にも薬にもなります。昔から毒草は一方では良薬にもなることがよく知られているように、あなたの体のなかにあるすばらしいものを、上手に薬として使って、いつも自家薬籠中のものにすれば、擬議することなどあるはずがありません。その都度、その都度、あなたの体のなかから薬を取りだして、それを全部つきつめていく。そうすれば、たじろぐなんてそんなこと考えも及ばないはずです。

何でわたしがやらなければならないのか

「和尚さん、何もかも生きているのが嫌になりました。会社ではいじめにあうし、家庭に帰れば妻子はこちらを向いてくれません。わたしが話しかけても、そっぽを向くんです。わたしひとりでこれまで家族を養ってきたのに、給料遅配になったら、このザマですわ」

「何もかもわたしひとりでやっているんじゃないか。何でこうもわたしがやらんなんのや」と、だれも味方をしてくれないと嘆きます。あれもこれも全部わたしがやらなければならないという形が、いちばん悪いわけです。

このような方は、仏のこころを知れば、気持ちが楽になります。

わたしどもの仏法は、「大悲」といって悲しみを抜き取るのが仕事です。悲しみを抜き取るときも円満でなければならない。一度、大仙院に来ていただいて、ごいっしょに座禅をすることをすすめます。

大悲とは、たとえば、ケガをしている子どもに、「何とこれはしんどいことやなあ。しょっちゅうケガばっかりしてからに。ほんまにもうかなわんなあ」といって手当てするのと違って、「あっ、ええところに出くわした。ここに絆創膏があるから、ちょうどええ。上手にケガしてくれてるわ」と、さっと手当てをします。いちいち、うっとうしそうにやるのではないのです。これが仏の大悲のこころです。あなたが苦しんでいたら、ちょっと手伝いに行って、松や小鳥も全部あなたを支えているのですよと、気軽に応援にいって、あなたの苦しみを奪い取るのがわたしどもの仕事です。

大乗仏教に「無住処涅槃」ということばがあります。これは、とどまるところを知らない悟りです。生きるとか死ぬとかにとどまらないし、悟りにもとどまらない。「生死即涅槃」といって、生きるとか死ぬというそのような迷いなどありません。

頭で考えるのではなく、体です。病気だといったら、すぐに「お医者さんや！」と連れていっしょに行く。だれかが悩みがあるといったら、「それはわたしのことや！　わたしの仕事や！」といって、その悩みを取りに行くのです。

ただ「はいッ！」と軽やかにそのまま体を持っていく。そのまま自然に動ける立場になることです。清らかなエネルギー、もとからあったエネルギーが十分発揮できるような状態、それがいちばん大切です。座禅をしたからといって、悩みがすぐに解決するわけではありませんが、少なくとも、あなたは仏のこころに触れることができます。

手柄は部下に、失敗は自分に

自分の部下が手柄を立てたら、すかさず上司は部下をほめることです。逆に部下が失敗しても、その責任はすべて上司が負うべきです。ここのところがうまくできているかどうかが、社内の人間関係の重要なポイントになります。

上司が部下を叱ったり、ほめたりできるのは、相手と自分が一体となっているからであって、それがベースになって初めてできることです。そうでなければ、叱るもほめるもありません。叱る、ほめるという関係には、ただ、生命と生命の触れ合いがあるだけです。

これこそ、社内だけでなく、人間と人間のあいだのいちばん大事なことです。

部下が手柄を立てたとき、上司はすかさずほめます。

「ようやってくれた。大助かりや。これであんたもわたしも安心してメシが食えるで」

また、上司はそれを社内に対しても吹聴してまわります。

「おれんとこのAくんが、こんなどえらいことをやってのけたんや。たいしたもんやろ」

上司はうれしくて、うれしくて、そうしないではいられないのです。もちろん、上司も自分の成績があがることでもありますから、うれしいにはちがいありません。Aくんというすばらしい生命力と一体になって仕事ができるのが、何よりもうれしいのです。

おなじAくんが、こんどは大失敗をしでかしたとします。昨日までは、いっぱいいっぱいにうれしがっていた上司は、一転、青菜に塩をかけたようにしゅんとしてしまいます。

「おまえ、どないしたんや。こら、えらいこっちゃ。このままじゃ、共倒れになる。情けないなあ。弱ったなあ。こんなことになってしもうて、わしは自分に腹が立つのや」

また、第三者に向かっても、上司はしょんぼりうなだれます。

「申し訳ない。これというのも、このわたしの責任です。わたしのこころにスキがあったからです。わたしが責任をもって事態の収拾をはかります。みなさんにお力を借りたい」

これまた、ありのままの人生です。ありのままの自分です。そこから、「何くそ、挽回したるわい」というエネルギーがでてきます。

Aくんとておなじ思いです。申し訳ない、すまないと、がっくりきています。でも、おなじようにがっくりしている上司に、Aくんはおなじ苦しみを共有する者としての一体感を持つにちがいありません。その一体感が、失敗から立ち直るために必要なことです。このように命が通い合っている人間関係こそ、もっとも健康的な自分たちです。

頼りないわたしだから、みんなに庇ってもらえる

わたしは喧嘩が大嫌いです。闘うということをぜったいしないのです。喧嘩しないで、向こうのいいなりでやっていきます。相手のいうことを認めてしまう。そうすると、相手がわたしの立場になってくれるというのが、わたしのやり方です。相手が欲するものがあれば、まずこちらから与える。それでこれまでやってきました。

仏法はひとの人生にとって、その時代、時代に溶け合うようになっています。時代に影響される代わりに、その時代にも影響を及ぼす。おたがいに影響し合うのが仏法です。

頼りないわたしだから、みんなで庇ってやってくれます。また、わたしのやっていることは、上から下への力づくではないから、みんなが支えてくれるし、助けてくれるのです。ひとに、「これやってください」といわれたら、「はいっ」と精いっぱい尽くして死んでいこうとしているだけで、あとはなんにもありません。

この世には、善も悪もありません。実際、これがいいと思っても悪になったり、そのまた逆もあったりします。時代によっても基準は変わります。善とか悪とかは、自分がそれ

をどう見るかによって決まります。

いろいろなひとの霊魂に支えられて生きているわたしですから、だれかを罰するなどできません。あいつは悪だとか、態度が悪いとかいうのではなしに、そんなひとといっしょに生活させてもらっている喜びのほうが強いのです。

盗人を一度やった人は、形が違っても、同じようなことをやりがちです。癖がついてしまっているからです。でもそういう横着なひとを、わたしは見捨てることができない。

「和尚さん、また手伝いに行っていいですか」

といわれると、アホみたいに尾っぽを振って「おおきに、おおきに」といっています。

ひとは、そんな盗人を断ち切れといいますが、それができない。相手も悪いことを断ち切れない。わたしも同じように悪いと思っても断ち切れません。断ち切れないものをもっているから、こうしてわたしも坊さんとして、支えられてやって来られたのです。

漫才のボケとツッ込み。わたしたちは、この両方をもち合わせている生命共同体です。だから、周囲のひとたちは、それを憐れんで、支え合うことになるのだと思っています。みんなきちっと応援してくれているのです。

男女は愛でつながっているのではない

結婚して子どもがいるのですが、独身の男性を好きになって関係をつづけているという主婦。夫は優しいいし、いいひとなので離婚する気はない。その男性と別れなければと思っても、それができなくて、育児もおろそかになるほど悩んでいるといいます。

不倫ということばがあります。「五倫」とは、君臣、父子、夫婦、長幼、親友の五つの正しい結ばれ方、守るべき道のことです。この五倫には正しい結ばれ方、間違っている結ばれ方があります。

ところが、不倫というのは、これがうまくいっていないということで、そこには敬うところである尊敬の「敬」がありません。

不倫の関係は愛だと勘違いしているところに問題があります。不倫とは尊敬のない不敬です。ひとを敬っていない、ひとをバカにすることです。この不敬がいちばんいけない。このことは、声を大にしていいたいのです。男女は愛でつながっているのではなく、敬いでつながっているのです。

鈴木大拙の女性秘書について、それが不倫ではないかと噂されて書かれていたことがありました。

「先生、どうなのですか」と聞かれたとき、鈴木大拙はパッと顔をあげて、「ああ、男と女や」といわれ、またもとの勉強のほうへ戻られた。そして質問した相手の目を見て、「それがどうやというのや」といった以外に、何もいわなかったそうです。

この瞬間的な雑念を入れない姿が清らかなものだという徹底した考え方は、念を汚さない。だから、鈴木大拙を師とした先生と生徒の関係、教えさせていただく、教えていただくという尊敬の念も変わりません。

亡くなられたあとでも、あの先生のように立派なひとになりたいと、たくさんの生徒が遠方から集まって、お葬式でいっしょにお経をあげさせてもらったそうです。先生にいつまでもくっついて、先生の歩かれた道を歩ませていただくのです。

ただただ先生の歩まれた道を生徒が歩むのであって、学問や知識をいただくのではありません。

どこまでも正念を汚したくない。正念の持続を大切にします。一直線で正念を持続していくということがあるわけです。

器の大きい人間、胆のすわっている人とは

「あの人物は大器」だといいます。「器」とはいうまでもなく「入れもの」という意味です。したがって、人物が大器だとは、入れものが大きい人間だということです。

ところがこの意味が、ちょっとまちがって受け取られているむきがあります。「器」を知識や学問を大量に入れることのできるものと考えがちで、それを「大器」といっている趣があるからです。人間の器とは、知識や学問をやたらと詰め込んだ、頭の大きさをいうのではありません。

中国の科挙からでた「大器晩成」とは違います。頭でっかちは、世のなかで役に立つ人間ではありません。大器は、相手と自分がひとつであることを知っています。頭のてっぺんから足の爪先まで、こころでできていることを知っています。こころ以外に何ものもないことを知っています。だからこそ、ものとなって考え、ものとなって動くことができるのです。

むかし、白山道場の南陰老師をひとりの学者が訪ねました。

老師はじっとその学者の話に耳を傾けていましたが、そのうち、「まあ、茶をいっぱい進ぜよう」といって、きゅうすから茶を注ぎました。ところが、老師は茶わんがいっぱいになっても、まだついでいます。「老師、お茶があふれています」と、学者がいいました。「ほんにそうだ。まるであんたとおなじだな。哲学だの科学だのと、頭いっぱいに詰め込んでいるから、わしが何をいうてやっても、さっぱり入る余地はあるまい」

人間の器とは何であるかを、端的に示す話です。器が大きいということは、多くの知識や学問が詰まっている状態をさすのではありません。そうした雑然としたものを捨て去って、空っぽな状態です。

道元禅師は、「己れを知るとは、己れを忘るなり」とか、「己れを忘るとは、己れを捨つるなり」といっています。「忘れる」「捨てる」というのは、己れを空っぽにすることで、空っぽにしても己れは消滅するものではありません。そうすれば思考能力が無限に広がり、自由闊達な融通無碍な働きを手に入れることができる。それが悟りです。

先入観や固定観念から解放されたひとが、ほんとうの大器だというわけです。知識、学問、経験が悪いのではなく、それらが整理されずに雑然とした状態で、頭でっかちで凝り固まっているのをいましめているのです。

空っぽの器だから尊い

器を大きくするという発想は、もともと仏教や禅の考え方とはなじまないものです。でも、面白いことに、俗世間的な考え方から到達した器という観念も、空っぽの器という点では、わたしどもの認識とは大差がありません。

仏教の場合、出家ということばが示すように、いったん世間の活動から身を離して、自分の宗教的世界を追求することから修行を始めるために、人間の器がどうのという発想はありません。

修行の結果として、悟りとは、器を大きくすることだという認識になりますが、人間の器を大きくするために発心して頭を丸めるという考え方はありません。そのような欲望があれば、だれも坊主などになろうとは思わない。

何ごとにもとらわれない自由平等な動きが悟りです。手にものを持っていたのでは、いざというとき、何もキャッチできません。手に一物もないから無尽蔵に対応できるのです。衆生は無辺であっても、何としてでも幸せにしてみせる。煩悩は無尽であっても、何としてでも断ち切ってみせる。教えの道ははかり知れないが、何としてでも学びとり悟りとる。そのためには、お釈迦さまの悟りの道を歩むことです。

悟りの道は、この上ないものではありましょうが、何としてでも成就してみせます。そこから大慈大悲の働きも生まれてくるのです。大衆を済度しようとする大乗仏教のこころは、実に平等です。これが仏教思想の根幹です。

だいたい人間の器が問題にされたのは、中国の君主の理想像とは何かということからです。「帝王学」の観点から、「器量」がとやかくいわれだし、それが一応完成されたとされる書物が、「貞観政要」です。これには全巻、器とは何かについて綿密に考察されています。

中国では悪帝の見本といわれている煬帝について、その側近が触れた部分があります。

「人君たる者は、そのひと自身がどんなに賢くて才能があっても、己れをむなしくして、ひとを受け入れなければなりません。そしてこそ、知者はその謀をささげ、勇者はその力を尽くすものです。ところが煬帝は、自分の才能を鼻にかけて、己れの我ばかり通そうとしました。だから口では名君のようなことをいいながら、実際は暴政に走り、身を滅ぼすまで気がつかなかったのです」

悩みもいただきに行く

日暮れの雲が天上の運行を済ませて山々に接着を試みようとしてるとき、その場にしっかり相対するのは、実に大した値打ちのあるものです。遠くに何重にも重なっている山々を眺めるにつけても、一度は登ってみたいものだという思いがよぎります。年をとって、寿命も尽きかけた今時分になると、これまでやってきた山登りが、とても有難いものだったと、こころの芯から思えてくるのです。だから、悩み苦しんでおられる方の相談を受けてのわたしの返答は決まっています。

まず、「よかったなあ」と口から出てしまいます。そして、ごいっしょに座禅させてもらいます。ここに拝観に来られた方はいつでも座禅できます。ところが、わたしは毎日座禅をやっているので、いつの間にか眠ってしまう。

向こうは、「何で、わたしがよかったんですか」と、問いかけてきます。そのことばの緊張感にわたしは、「和尚がこれではあかんのや。いくら年とったからといっても、こんな呆けたことが許されるか」と、はっと目を醒まします。よかったとか悪かったとかでなしに、つい、「よかったなあ」と、口から出してしまった。そんなバカなことをいってしまったために、「和尚、喝！」とやられて目が醒めるわけです。

何で、「よかったなあ」といってしまったのか。それは、彼が孤独の縁に沈み込むことによって、「抜苦与楽」、つまり、苦しみを抜いて、楽しみを与えることができるような人間になれたからです。人間はそのように自然にできるようになっています。

座禅をすればどんな効用があるかと聞かれても、そのようなことは何もありません。ただ、こちら側がいっしょにさせてもらうだけです。その方のためにしてあげるという考えはおかしい。座禅をすることによって、雑念が洗い落とされ、自然と一体になるだけです。わたしがその方といっしょになっていることが、ほんまものの姿なのです。

わたしが相手の苦しみや悩みをいただきに行くのです。それを「親切」といいます。「親切心とは、親を切る心と書きますが、それは何のことですか」と、生徒に質問されて、小学校の先生が答えることができなかったといいます。「親」も「切」もひとつです。机の上に手があるというのは、机も手もひとつ、おなじだということです。おなじということは、相手が苦しいといったら、いっしょに「苦しいなあ」という立場です。相手とこころがひとつになること、これが大事です。そのひとのこころになることです。

我見は心となり相手の心に伝わる

臓器移植については、鷹揚であり、しかも細心に、です。逆境は順境への糸口、スタートですから、これからはさまざまな問題が消えていって楽になります。二回目、三回目とやっていくうちに、だんだんそのひとのものになっていくのです。こころがひとつになっていきます。このこころが有難い。

臓器移植についてもインフォームド・コンセントといって、納得づくのものであったら、それでいい。会話することが大事であって、会話をする間に気に入らないことがあってトラブルになることもあります。わかりあえるまで何回でも体をそこに持っていくことです。

何十年か前に北海道で和田教授が心臓移植手術をして問題になりました。そのニュースをテレビで観ていた鹿児島のある和尚が電話をかけてきました。

「何てことするんだ。仏教はな、親に生んでもらった体を大切にするんだ。それが仏教なんだ」

「灯火の消えていずくに行くやらん　裏の畑で牛蒡引き抜く」

と、即座にわたしは答えました。

灯火が消えてしまっても、もとの暗闇になってしまうのではなしに、もっと明るい方法があるわい。こっちで生きられなくても、向こうで生きておれたら有難いじゃないかという意味です。

禅のほうでは、内臓だけでなしに骨まで全部すりかえてしまう。こちらのはらわたを取ってきて、あっちのほうへ入れ替えてしまう。男だったひとを女にし、女を男にしてしまう。自由自在です。そのようなこころを持っていなかったら、仕事にならない。いざとなったら、山でも何でも移してしまうという気持ちを持たなければ、どうしてやっていかれようかというわけです。

中国に「懐州で牛が飼い葉を食べると、益州で馬が腹いっぱいになる」という諺があります。どこまでも相手が見えるのはまちがいであって、自分がどうさせていただきたいのかと、その心のうち、自分の心のうちばかりを問われているのです。

自分がこれだけやったから、これだけのものがあると思ってしまいます。自分がこれだけやったのに、相手が買わなかったとか、いくらいっても相手が聞かなかったとか、そのような我見が心となって、相手の心に伝わるのです。

わたしが涙するとき

わたしは慰めとか救いとか、そのようなことばなどを信じていません。

よく癌にかかったひとが、余命いくばくもなくなって、わたしのところに話をしにきますが、そんなときわたしは、何もできなくて、ただいっしょに悩むだけです。ひとに救いのことばなど述べることはできません。

いま、わたしもおなじく癌を手術した立場になり、そのひとの前に立って、「こうや」といえるようになりました。そうでなかったら、向こうだって、わたしのことばを聞いても仕方がない。それらしい周りの話だけで、ことは終わってしまいます。向こうでは、「坊主ってのは、やっぱりわかりまへんな」ということになってしまうでしょう。

そのひとが帰っていくときに、そのひとが消えていくまでそこに立っていて、後ろ姿に合掌して送らせてもらいます。何か涙が出てくるし、そのときの自分が尊いのです。

相談に来られたひとの前では、落ち込んだりしたら悪いから、ニコニコして対応しています。冗談もいいます。

でも、最後に送らせてもらうときに、ふーっと涙がにじんできます。その瞬間、その瞬間が末期であり、最終回なのです。

「いま、このときが最終ラウンドだとわからないで、生きさせてもらっているのだ」と思ったら、身につまされて、ひとごとと思えません。

そのひとが逝ってしまって、わたしが残るという、そんなものとは違います。どうせ自分も逝くのですから、ひとごととは違います。そうすると、ジーンときます。かわいそうにというのとは、まったく違います。

生命というのは、「あっぱれ」というのと、「あわれ」という両方の意味を持っていて、それらはまったくおなじものなんだと思うのです。

涙が出るというのは、いまそのひとがここに来てくれて、ご縁を得た喜びだけであって、そのご縁に感激するからです。救いを求められても、応えることが何もできない立場なのに、わたしのところに来てくれて、わたしはそういうひとに支えられて、今日までずーっとやってこれたんだと。それに感じて涙がでてくるのです。そのひとよりもわたしのほうが先に逝くかもしれません。相手の生命と自分の生命とがひとつになる状態に感激するのです。いわゆる「倶会一処《ぐえいっしょ》」の世界にいるのです。

第4章

肩の力をぬいて、空での繰り返し

自分のいちばん好きなものを

現代の若者たちにまん延している無気力症候群という病気。真面目に生きようとする若者ほど、生き甲斐のなさや生きていくうえで目的がないと悩んでいます。無気力、無感動、無目的を三無主義というそうですが、若者たちは、何かエネルギーを燃え立たせてくれるものを求めているのです。カルトブームもその現れです。

人生という大事業を成就するには、学ぶこと以外に何もありません。これが自然界の大鉄則なのです。まず、これぞという師匠を見つけることからです。あなたの周りのすべてが師匠です。その師匠から生きる姿勢を大いに真似して学び取ることです。師匠は学問の分野だけにかぎりません。自然界のすべてが師匠です。たとえば、未開の自然に接してみたとき、過酷な自然環境のなかで生きている人間や環境から学ぶことができるでしょう。また、日本から一歩離れて日本を眺めれば、自分ができるものはこれだという発見があるかもしれない。

日本人はもともと物真似のうまい民族だといわれています。だいたい人間は、生まれたときからすべて物真似で成長します。真似によって知恵や知識が増加し、賢くなっていきます。必要があるから一生懸命吸収するし、学ぶのです。

ものごとを学ぶには、まず、真似をする、盗むことからです。「真理泥棒と花泥棒は、大目にみろ」ということわざの通りです。生き方や生きる姿勢は、教えて教えられるものではなく、学んですぐにわかるといった性質のものではありません。物まねは自己を捨てて忘却することにつながります。つぎの段階でこれを消化したとき、自己の内から新しいアイデアが生まれ出てきます。

戦後の日本では、欧米流の教育がなされ、欧米に追いつき追いこせを旗印に、やたらと上からの詰め込み教育になってしまいました。多忙な世の中で、十年間も修行して一人前など、悠長なことをやっていられないというわけです。なるほどそれにも一理があります。でも、テクニックを教えられることと、個物のもつ自然な力を信じることとは、まったく別物です。テクニックなどは、その段階をマスターすればそれでおしまい。高度のテクニックが必要となれば、その都度いちいち教えを仰がなければならないことになります。知識やテクニックの詰め込みだけでは、ものの役には立たないことを忘れています。これに反して、学ぶという習慣を身につけたひとは基本から応用まで柔軟で自由自在です。

どうにも打つ手がないと悩んだとき

「和尚さん、どうしても自分なりのものが何かわからず、見つけ出せず、相変わらず勉強ができない、友達もできない、スポーツも不得手で悩んでいます」

そういって、何ごとにたいしても打つ手がないと悩むひとがいます。そのようなひとは、自分なりのものを引っ張り出せばいいのです。自分なりのものが尊いから、それを引っ張り出すのが自然であり教育です。そのひとでなかったら出てこないものがあります。数学とか、英語とか、そんなもの何も関係ありません。

先生の話がわからないときは、「すみません、もう一回聞かせてください」といいます。その場で聞けなかったら、あとで聞けばよいのです。先生に聞けなかったら友達に、友達に聞けなかったら図書室に、図書室でわからなかったら、小学校の教科書を見ればいい。

わたし自身、子どものとき自信喪失で、まったくおなじ立場でした。いまでも水やお茶を飲めば緊張して勝手に手が震えます。集まりがあるときには、周りの方に助けてもらって食べたりします。自信がないから震えるのです。それでもここまで歩いてこられたのです。ここまでこられたのも、みなさんに上手に育てていただいたお陰です。

だから、自信がないといわれれば、ひとごととは思えず、そのひとの身になれます。お寺など気色悪い幽霊小屋みたいなものです。「それなのによう来てくれましたな。わたしごときもののところに、よく来ていただいた」という姿勢があればどうということはありません。とりあえず体を学校へもって行くだけでいい。あるがままでいい。自信がないからと悩んだり、克服しようなど考えないほうがよろしい。自分がどういうひとになりたいかだけを目的にすればよいのです。

逆に自信満々のひとがいて、他のひとを見て、どうしてあんなに自信がないのだろうといいます。でも、そのひとは間違っています。こちら側に感動がないから、そんなことばが出てくるのです。こちらが読みとどまっているのに、向こうが動いているからです。

汽車の窓から見たら、自分がとどまっていて向こうの景色が走っているように見えます。それとおなじです。だからこちらのほうが走っている形にしなければなりません。自分自身の面目が丸つぶれの状態で、毎日次から次への不安の中で突き進んでいる自分であったったら、また、「おれが……！」という自我の念をとりのぞけていたなら、向こうの動きがしっかり見えてきます。

やりたくなければやらなければいい

二十歳でもう燃え尽きて、エネルギーがなくなってしまった若者が増えています。大学に入るとか、就職するとか、一応の到達点にたどりついた途端、もう無気力になってしまい、学校に通うことも、会社に出ることもできなくなってしまう。すべてにたいしてヤル気がなくなってしまっています。

一度無気力になってしまうと、それから立ち直るのにはかなり時間がかかります。そこに立ちいたる前に、手を打っておくことが大事です。

年寄りとは、頭が固くなってしまった人間をいうのであって、生まれてから何十年経っているから年寄だ、というような単純な算数計算では片付きません。「わたしはここまでや。自分の能力はこんなところや」という人間は、二十歳前でもすでに重病の大年寄りです。自分自身の能力を自分の尺度ではかって、ここまでだと線を引いてしまっています。

日本人はもともと努力とか根性で尻をひっぱたく傾向があります。「努力すれば報われる」とまことしやかにいわれています。こんなものは嘘っぱちです。

「努力するから報われない」のです。努力とか根性とかは、自分のためにいい聞かせれば、それでいいのです。それよりも、努力だとか、根性だとか、そんなことばを意識しない構えのない時の中味がほんものの全力投球です。だいたい努力ということばは重苦しい。だから、わたしは努力ということばを、やたら使いたくありません。むしろ下司っぽく感じます。頑張るということばもおなじです。だいたい、やりたくなければやらなければいいと思っていますから。努力が嫌なら、努力はなくてもいいのです。

人間は、努力とか根性とかいうかけ声で動くものではなく、もっと自然なものです。自然に手足が動きだして初めてほんものです。やることが面白いのです。面白いから、さらに工夫します。そこには、努力とか根性なんてことばが入る余地がありません。好きだから自然に没頭している以外のなにものでもないからです。

「努力すれば報われる」ということばには、結果に対する期待があります。報われるとか報われないとか、こちらが面白くてやっているのであれば、どっちだっていい。こんなことを考えているから、結果がダメなときは、「努力してもムダ」になります。努力に根性なんてことばがついてくると、結果の悪いときにはさらにうんざりします。努力と根性で自分にムチ打つのは勝手ですが、どうか他人にはいわないでください。

勝負を楽しむゆとりがほしい

「もっと根性を出せ！　何でこんなこともできないんだ！」という怒鳴り声が、真夏の炎暑の校庭に響き渡る。高校野球ではないけれど、努力、根性、血と汗の結晶とかいうことばの好きな指導者が多すぎるように思います。それを信じ切ってやたら訓練に励む純真な若者が気の毒になってきます。日本人にはとくにこのタイプが多いために、いざというときに実力を出し切れないのです。それはオリンピックの結果を見れば一目瞭然です。ふだんの力の半分も出し切れない選手のいかに多いことか。

血の汗と涙の物語りなんか、まったく嘘くさい。このような人生の傍観者になってはいけません。成功だろうと、失敗だろうと、すべて血と汗の結晶です。そのものひとつに打ち込んだら、失敗しようが血と汗の結晶です。

このことは、ひとに教えていい聞かせるたぐいのものではありません。その血と汗を、どのような気持ちで結晶させたか。それが末期自在に生きるひとと、末期失敗して悔しまぎれに息を引き取るひととのわかれ目です。

ひとつのことを成し遂げたひとに対して、血の汗と涙の結晶ということばを使いたがるひとがいます。こんなのは人生の傍観者がいうことばです。血と汗の結晶なんていいたいひとは、ものごとがすべて刻苦勉励、臥薪嘗胆、苦節十年といったくくりで見ないと気がすまないお脳の硬くなったひとです。そのように眺めないと、自分が安心できない。

成功するひとは、鼻歌まじりで、ひとのお陰、みんなのお陰でといいながら、ヒョイヒョイと気楽に人生の階段をのぼっていくものです。そこには、血の汗や涙なんか、かけらも見当たりません。陽気そのもの、気楽そのもの、いつだってピンピンして、いくつになっても若者とつき合えます。鼻歌まじりのひとについて、ふまじめだとか、不謹慎だとか中傷するひとは、頭が硬直し、コチコチになって動脈硬化を起こしてしまっています。

成功するか、失敗するか。それはいつも表裏の関係にあります。どの目が出るのか、神さまもご存じないのです。肩の力をできるだけ抜いて、鼻歌でも歌うときのような気分で、勝負そのものを楽しむこころのゆとりがほしい。そうすれば、負けというマイナスのイメージにしばりつけられることなどありません。逆に、勝ったとおごりに高ぶることもありません。そこには人生そのものを愉しめる、しなやかなこころのゆとりがでてきます。のびやかな、自在な自分があります。そのようなひとこそ、人生の成功者なのです。

持って生まれた自分だけのものが育つ

相談に見えた青年は、入社時に営業配属になり、売り上げ目標に到達しないと上司から怒鳴られる毎日。一生懸命やっているのに、何でこんなに叱られなければならないのかと不満です。こんなところで働けない、将来が不安だと半年で辞職してしまいました。

だれしも本来、自分から進んでやろうとする性質があり、自主的に動いています。だからこそ、頭ごなしに押さえつけられると、ムクムクと反発心が頭をもたげ、「ぜったいにやってやるものか！」になります。人間の自主性とは、それほど強力なものです。

人間はもともとあまのじゃくにできています。だから、命令されたり、強制されたりすると、反発してやりたくなくなります。この反発するエネルギーこそ重要です。

権威を振りかざし、権力にすがりつこうとするニセ者ほど、自分に自信がないのが相場だから、力でもって反発心をねじふせ、いうことを聞かせようとします。

こんなニセ者が長つづきするはずがない。この行きつくところが恐怖政治になりますが、古今東西の歴史をみても、おごれるもの久しからず、いずれ崩壊の憂き目をみています。

上司に、「仕事をやれ。営業成績をあげろ」と怒鳴られても、部下は仕事に励むはずがありません。

強制されたら反発心を起こす。あまのじゃく精神で立ち向う。むしろこのようなひとこそ、大いに見込みがあります。

勉強であれ、仕事であれ、自主性の発揮ということでは、同じ方向を向いているからです。このようなひとならば、だまっていても、いずれやるべきことをしっかりやります。

一番始末の悪いのが、仕事をやれといわれて、仕事をやっているようなふりをする部下です。やりたくなければ、やらない。これが自主性です。

その自主性を押し殺して、表面だけは服従しているような形をとっても、仕事に成果があがるはずがありません。親や上司からきびしく叱責されても、ただ平身低頭して台風一過を待つばかり。

むしろ、やれといわれて、やらないと真っ向から意見をたたかわせ、ぶつかっていけるのであれば健康です。生産性もあります。本気で取っ組み合いの喧嘩をするぐらいのエネルギーがあるのが本当の姿です。反発心がなければ、向上心も出ない。持って生まれた「自分だけのもの」が育つのです。

既成のマニュアルなんかはいらない

既成のマニュアルなんかいりません。そんなものにこだわっているから、とらわれているから、生きるのがつらくなります。既成のマニュアルで理屈をつけて、先を読んでしまうほど、つまらないものはない。思いがけないところでパッとでくわす驚きがあってこそ、生きているのが面白くなります。目をランランと輝かせて、なにか新しいものはないか、手垢のついていないアイデアがないかと虎視眈々と生きれば、人生楽しくてしようがない。

驚きとは、「へぇー」という偶然そのものです。自分の父親が引きずっていたボロ雑巾のような心を、自分が同じように引きずっていると、ふと感じて驚くことがあります。「まったく、親父と同じじゃないか」と。そのような驚きは、笑いになることもあれば、涙になることもあります。そのようなことが、ほんとうにわたしたちを救ってくれます。

いちいち涙だからいけない、笑いだからいけない、そのようなものとは違います。お葬式であっても笑うこともあれば、めでたい席で涙を流すこともあります。それが空というものです。マニュアルで決まっているものではありません。結婚式であれば笑ってお祝いをするものだと決めてかかってはいけません。決まりきったマニュアルからは、なんの喜びも生まれてきません。

既成のマニュアルを壊し、さまざまな個性を活かしに活かしていくから、それぞれがアイデアを生み出し、これを具体化して存分に発揮していけるのです。そこにはすばらしい状態ができあがります。生まれながらの未生の知恵、般若の知恵がでてきます。

さらに、だれもが年齢や肩書きにとらわれてはいけない。そんなものには関係なく、すべてのひとが文殊の知恵ばかりでできているのですから、その知恵をだしあってやっていかなければなりません。

企業においても同じことです。社長の力だけでうまくいくものではなく、また社員の力だけでよくなるものでもありません。上下の別なくミーティングをすれば、みんなの知恵にでくわし、創造が生まれ、企業も面白い知恵で元気いっぱいになります。

「こういう場合には、控え目にものをいうものです」

「上のひとにものをいうときには注意しなさい」

というのとは違います。金持ちであろうと、貧乏であろうと、また社長、平社員の関係なく、知恵を拾うことができるかどうかで、ほんものの人間としての差がでてきます。

心を込めて真空で繰り返す。新たな自分が発見できる

自分だけにしかない道を発見するには、繰り返しが必要です。同じ繰り返しでも、心を込めて空になってやらなければなんにもなりません。一つひとつていねいに球を投げていきます。空になって繰り返しを行っているうちに、自分のなかになにかが準備されていきます。ほかのひとが真似できないもの、生きるためのカギになるものが見えてきます。

それはもともとあなたのなかに埋蔵されていたもので、体のなかに本来あったものです。それを拝むことができるのは、この上なく嬉しい。

ひとつのことを繰り返すときは、肩の力を抜いて、楽な気持ちでなければなりません。いやいややるのではなく、楽しみながらやります。いやなことはぜったいやってはいけません。楽しいことをやりながら、やっている一瞬に全力を傾けるのです。

まず、そこからのスタートです。そうすれば、目ざしているものが向こうから近づいてきてくれます。

一気にやってしまおうとしても、しんどくてかなわない。上っ面だけでごまかすほうが

しんどいのです。毎日、毎日、同じことの繰り返しで動いていれば、だれでもくたびれる。途中でくたびれたら、体を休めて鋭気を養います。趣味をもって気分転換をはかることも必要です。惰性で動けば、遠からずすり切れてしまいます。だから、たえず意気を補填しながらやるのが、長続きのコツです。

繰り返しのなかで、まさかと驚きながら、なんべんとなく気さくにそこの場所に身をもっていくことです。とにかく目標物のところに雑念を入れないで体をもっていく。それがきっかけとなって、また新たな自分を発見できます。それが愉快なのです。自分だけにしかできない道を発見できる喜び、それはかけがえのないものです。

繰り返しやっているとき、ふと、なんのためにやっているかと、その意義を考えてはダメです。理屈や理論などはあとからついてくるもの、なにごとにもとらわれない心が、すばらしいエネルギーになります。楽しんでやっていれば、いずれ満足感の報酬が得られる。山登りと同じように、山があるからではなくて、困難を乗り越えることに最大の喜びを感じることができます。

人間には可能性しかありません。生まれながらに可能性だけが備わっています。その可能性をフルに活用しないなんて、絶対もったいないことです。

あなたの人生は、あなたがつくりあげる

すべてのものは刻一刻変化している。決して同じということはない。あらゆるものは生滅し変化しており、定まりのないものである。これが「無常」の正しい意味です。

あなたの体を構成している細胞自体が何億という膨大な数の細胞で成り立っています。一瞬一瞬に生まれ、そして死んでいる生命の集積が、あなたという人間です。

お釈迦さまは、これを、「諸行無常」という言葉で教えています。「無常」というと、なにか仏教的な諦観のように間違って伝えられていますが、そのような消極的な意味ではありません。

すべてが刻一刻と変化していることに気づけば、学歴、職業、地位、肩書きなど形へのこだわりが、どれほどバカげているかがわかるでしょう。これらはすべて形だけのもの。形だけのものを他人と比較したがるから、毎日くよくよ生きることになるのです。形だけにとらわれ、こだわって、自分自身の生命の力に気づかないのは、最大の不幸です。

生きていくうえで、まったく不必要なことばかり考えて時間をつかうのはダメです。先

ばかり見るから、自分が小さくなります。ことに当たるまえに、ああだ、こうだと考えてしまうからややこしくなります。動きがとれなくなります。なにをくよくよ考えているのかと言いたい。なにをやっているんだといいたい。

人生は過去にとらわれて生きることでもなく、未来を思い悩むことでもありません。いま、現在を生きることがすべてです。現在の集積が人生であって、できあいの人生など買ってくるわけにはいかないのです。

あなたの人生はあなた自身がつくりあげるものです。それぞれが自分の生活をよりよくするために、工夫をこらしてつくりあげるのが人生です。

そのためには、「諸行無常」の正しい意味をいつも心のなかで反復しながら、ただただ無心になって食い込んでいく。テクニックなどはいりません。バカになって体をそこにもっていくのです。至誠一貫まことの限りを尽くし、これでいく。それが一番楽な方法です。無心が、どでかい力を生みだしてくれるからです。

仕掛けていくことと、食い込んでいくのとは違います。仕掛けるとなればテクニックを要します。食い込んでいくには、面倒なテクニックなどいらず、裸でぶつかっていくだけです。

そこへは死にに行く

わたしが大仙院の住職になったのは、三十三歳のときでした。貧乏な寺でしたから、食べていくためにさまざまな方策を講じなければやっていけませんでした。何とか収入を得るために、お客さまを大仙院に引きつけようと、ありとあらゆる知恵をしぼり、現場で精いっぱいやったのです。結果はすばらしい自己教育になりました。

学校の先生、近所の婦人会などに頼んで、文化事業や研究会に寺を使ってもらおうと走り回ったり、観光客や修学旅行の生徒さんに来てもらおうと知恵をしぼったり、パンフレットを作って送り、勧誘に努めたりしました。そうせざるを得ない状況に追い込まれていたから、裸になって、空っぽでやってこれたのです。仕掛けていく、食いついていく、先に先にと進取の気鋭ですべてを自分の責任においてやってきました。

師匠の南岳和尚は、わたしが学生のころから、これについて責任をもたせてくれました。つくづくと師匠の偉さを思います。

人間とは責任を持たされると背筋がピンと伸びます。そのとき、生まれながらに備わっている自分の能力の偉大さをそれとなく拝んでいます。企業内の部署で責任を持たされると、だれに指示されなくても、「自分がこれをやらなければ」という気持ちになってしまうから不思議です。

このようなときには、与えられた宇宙と自分が一体になってしまっています。責任を持たされると、だれかがどうにかするだろうなどと考えません。ひとまかせではおれなくなってしまっています。宇宙とわたしたちの関係は、このように面白いものです。

責任感をともなえば、下手な弁解など無用になります。素直に、「はい」ということばが出るようになります。これは全体的な重荷をまかされている責任者なればこそで、どんな状態にあっても、自然に体が動いてしまうから不思議です。

場を提供されると、その生命体は、そのもの独自の対応をしていきます。提供された物体にチャレンジするのでなく、そこへ死にに行くのです。息をころし、息をつめる。そこへ骨を埋めに行きます。それだけで勉強です。生きるために生きるのでなく、「死ぬために生きる」ということばがあるのは、相手と自分がまったくひとつのものになるからです。

面倒なテクニックなど不要です。ひとをあてにせず、全宇宙が自分の責任であるとして、自分の体を突き出し、全身全霊で打ち込んでいくのです。

第5章

誰でも自力を持っている

子どもには生まれながらのピカピカ輝くこころがある

子育てに自信がもてないという若いおかあさんが増えています。子どもを愛せないといいます。イライラがつのって、殴ったり、怒ったりして傷つけてしまう。このままだと自分が死ぬか、子どもを殺すかまで追いつめられている若いおかあさんもいます。

子どもはみな立派なのですが、親御さんが「こうせんならん、ああせんならん」と、頭で覚えたことでご自身をくくってしまうから、先祖代々、体で受け継いできた子どもに対する自然な愛情が全部壊れてしまうのです。現在、あちこちで発刊される育児書は、親の育児教育に大いに妨げとなっています。だから、こんな育児書で得た知識で攻めを考えていたら、絶対ダメです。

まず、第一に子育てとか、子どもを育てるというのはおかしい。もし、育てるということがあったら、その子が持っているこれが正しいというものを育てていくのがほんとうです。親御さんがそれを伸ばさせていただくのです。どの子にも、ピカピカ輝くこころがあります。その子が生まれながらに持ち合わせている神聖なものがあります。親御さんは、それが育つことを楽しみに、一生懸命に石に水をかけて、打ち水して、子どもが正当な道を歩めるように育てるわけです。「石に水をまいても、すぐに乾いてしまうじゃないですか」といわれても、「いやあ、こうしたらな、石が育つんや」といってね。子どもが鼻をたらしていたら鼻をかんでやり、お尻にウンチがついていたらふいてやり、そのようなことをさせていただいている間に、その子の意志が育つのです。

先祖がすばらしいのに、クズみたいな自分がその家系のなかに入れていただくというのが親子関係の原理です。昔のひとは、「孫に手ひかれ善光寺詣り」といいました。親御さんが自然の中にある神や仏、子どもの中にある神や仏をバカにしきってしまっているために、神様からも仏様からも応援されなくなります。神仏をナメているからです。そんな自分が情けないと思わなければなりません。わたしたちの周辺はすべて神であり仏なのです。

子どもを通じて勉強させていただくという感謝の気持ちが大事です。勉強させてもらう姿勢を忘れたら、しんどいだけです。子どもや家庭は親御さんにとって、勉強の材料です。その姿勢があれば、すべてはうまくいきます。子育てせんならんと強制されるから、本人だけが持っているものがなくなります。たとえ自分の子であっても、「子をして何なにせしめる」のは間違いです。子どもから学ばせていただくのです。

親は巣立ちまでの手助けをするだけ

教えるのではなく、手助けをする。これは禅宗が得意とするところです。禅宗では教えるということをやりません。ひな鳥が生まれようとするとき、親鳥は卵のからを破る手助けをします。ひな鳥が自らの生命力でこの世にまさに出ようとするとき、ちょっとだけからを破ってお手伝いをするだけです。禅でやることは、手助けをするだけです。

動物の世界では、親は子どもに何ひとつ教えようとはしません。教えているように見えるのは、人間が勝手に頭でそのように考えているだけです。子が自ら餌をとれるようになるまで、親は乳を与え、餌を与えます。それに全精力を傾けます。これは自力で巣立ちをするまでの手助けです。そして飛び立つ日が近づけば、餌を与えるのをやめます。ひな鳥は飢えがなければ、いつまでも飛ぼうとしないからです。餌をどのようにしてとるか、いかに危険をさけて生きるかを、ひな鳥は親鳥の姿を見ながら習います。

親鳥が手を取り、足を取って、教えているのではなく、ひな鳥が親鳥から自然に学び取っているのです。そして、親鳥から学べないひな鳥は、冷然と突き放されます。するべきことをしたうえで突っ放す。教えてやるなどという押しつけがましいものは、何もありません。ただ美しいばかりの自然にまかせます。学べないひな鳥は死ぬだけです。動物の世界では、弱い子どもをベタベタかわいがったりはしません。運命の巣立ちの瞬間には、もう何の手助けをすることもありません。親鳥はじっと遠くから見守るだけです。ひな鳥の生きる力にすべてを託しているのです。

　これが自然界の大原則であって、教えるものは何もない。ただそのお方が学ぶだけです。そこにはただ美しいばかりに自然にまかせる姿があります。自己を投げ捨てて生き切り、死に切っている堂々たる姿があるだけです。人間は万物の霊長だとうぬぼれていますが、知恵をもっているのは何も人間だけではなく、人間以外の動物だって知恵のかたまりです。ここで例に引いた鳥だけでなく、生きている木にだって知恵があります。厳しい冬には葉を落としてエネルギーをたくわえ、春が来れば生命力を力いっぱいに発揮しています。

　自然界で人間だけは学ぶことを忘れ、教えられることにのみ汲々として、生きていくための知恵がそこなわれてしまった気がしてなりません。もともと自然の知恵がなかったのではなく、それを鍛えることを忘れてしまったために、足をすくわれているのです。ファンデーション、つまり、基礎の練り上げこそ人生です。

人間として恥じざる生き方を習う

暴走族で警察に捕まえられること数回、それでも暴走族をやめられずにつづけている十代後半の息子を持つ母親が、どうしたら息子の暴走族をやめさせられるかと相談に見えました。近所の方々も最近では、直接この母親にどうにかしてくれと訴えに来るそうです。

大人と若者の関係は、こころで通じているのでなければ自然ではありません。若者が大人の話を聞かなければならないと思って聞いている間は只のダメ押しです。もし、母親のこころと若者のこころとの間に、ふたりをさえぎる何ものもなければ、若者は母親が何をいわんとしているのか、いいたいのかを自然に理解できます。大人と若者の関係は、両者がおなじ天地を持って生きているという、その間の交流にあります。

大人は若者を見たときに、若者の気持ちになるはずです。若者が大人を殴りにこようが、蹴飛ばしにこようが、姿形を見ないで若者の持っているこころの奥底の光に感動しなければなりません。若者の純粋さに感動します。その思いに邪なものがない、きよらかなものがあることに感動するのです。これは禅のことばで、「思無邪」です。

「思いよこしまなし」つまり、相手の無邪気に感動しきってしまうのです。「すごいなあ」と感動したら、こっちも邪気がないから、純粋だから、純粋と純粋だから、向こうはわたしをダイナマイトで殺そうとしているか、パチンコの玉で殺そうとしているのか、槍で突こうとしているかが、全部見えるわけです。

ところがこの逆に、「おれがいうているのに、このあほんだら。おれのいうことわかっているのか！」と、「俺が」という「俺」「我」を出したら、向こうはどんな道具でわたしを殺そうとしているのかが見えなくなってしまいます。

現代は、人間が獅子になりたい、トラになりたい、金持ちになりたいといったことばかりに焦ってしまう、ややこしい時代です。人材と人材の交流で学習する場がさっぱり忘れられてしまっています。数学を覚えたらいけるやろ、経済やったら、政治をしておいたらいけるやろといった、そんなしょうのないものが教育ではありません。そのひとがそのひととの誠を尽して、人間として恥じざる生き方を習うことが、いちばん大事です。

教育指導とは、そのひとが生まれながらに持っているすばらしい人格を全うさせるためのものであって、政府のほうで協力できる何かがあったらさせていただくということです。論ばかりを大切にする戦後の平等論理が、教育現場を混乱させているのです。

だれにも教える資格などない

教育の現場にたずさわっている教師たちは、「もう、教室で教えることに自信がもてない。生徒は授業中も教室内を走り回るし、ガヤガヤ私語ばかりで、教師の話なんか聞いてくれません。わたしどもの時代にはそんなことがありませんでした」といいます。

これは大学でもおなじです。授業中に携帯電話で話をしているし、コンパクトを出して化粧なおしをしている学生もいるほどです。今日では教育者までお手上げになってしまっています。これは先生のせいとは違って、社会全体がそのように仕向けてしまったのです。それには十五分間ごとにコマーシャルが入るテレビの影響もあります。

生徒は一時間、五十分間の授業に耐えることができない。授業がつづかなくなってしまっています。テレビのようにコロコロ変わっていくその動きになれてしまって、じっとしていることができず、すぐに飽きがきてしまいます。

教育の基本には、生徒にはこんな立派な先生に教えてもらってと思う気持ち、一方、先生にはこんな立派な生徒に教える資格などないのに、教えさせていただいているという有難さがあるはずなのに、この肝心・要のところが崩壊してしまっているのが現状です。教えさせていただく、教えていただくという二つが、教育という場において実行されるわけです。それは互いにこころからでなければなりません。ことばではダメです。

不言にして変えていくのが教えの精神です。精神のことを神といいますが、教育はまさに教えの神がベースにあります。生徒はどこから弾を飛ばしてくるかわかりません。教師たるもの、どこから弾が飛んでくるか、それがどこへ落ちるかを知っています。「おれはもう十分やったんや。勉強したんや」という教師はもうダメ人間です。

敗戦後の占領政策のなかの教育改革、つまり、義務教育が日本人のこころをダメにしたのです。これは学校の教育方針だと思われているようですが違います。ＧＨＱがわざわざ日本人のこころを怖がり、抜き取るためにやった政策です。日本人のこころが怖かったために、さまざま研究した揚げ句、こころを奪うためにやったのです。

「教える権利がある」、「勉強する義務がある」と、教師や生徒を権利や義務でそそのかし、日本の教育現場を乱れさせることを狙ったのです。そのために生徒は「勉強しなければならない」になってしまい、偏差値だけが尊ばれるようになったのは実に困ったことです。教育は政治や経済の下にあると思っているところに、教育の崩壊があります。

縛りつけるな。子どもには自力がある

禅のことばに、

「本体と作用との間に物を入れない」

というのがあります。手があったらものをつかむ。ものをつかむという作用は、そこに本体の手があるからできます。また、耳はレシーバーにもなるし、口ではハーモニカもふけるし、足で太鼓も打てるし、手で木琴を打つこともできます。何をやらせてもできる本体なのに、それをいちいち、「それ手でやるのと違う。手はものをつかむものだ」と、親がそんなアホみたいなことにこだわるから、子どもがおかしくなるのです。

それはすでに親が捕われている証拠です。「しなければならない」「こうあるべきだ」と親が捕われています。縛られているばかりでは、子どもも身動きがとれなくなり、息がつまって死にそうになります。これでは思うような成果が出てくるはずがありません。

禅とは、生まれながらの明るい徳を明らかにする「自力」の教えです。それは努力して目標に至ろうとすることではありません。努力しなければならないのでは、くたびれてしまうだけです。もともとわたしたちは、楽しみながら力を発揮できるように生まれついています。子どもたちはだれしもその自力を持っているはずです。自分のなかの可能性を模索して、こうもできる、ああもできると、そのようにもっていくのが健康なその人であり、自然です。その軽やかな愉しい行動が救いとなります。

生命は生きいきとしたものでなければなりません。それでこそ生命体です。建物でもひとが住まなければ幽霊小屋になります。ひとが出入りして、仕事をしたり、商売したり、喧嘩したり、笑ったり、泣いたり、怒ったりするから生命もわいてきて、ほんとうに自然な建物として生きてきます。何も出てこない幽霊小屋ほど情けないものはありません。

子どもの生命体を輝かせるには、いちいち縛りつけてはいけません。縛りつけなければ、その子が持っている生命力も自然とにじみ出てきます。自然の力というものは、放っておいてもでてくる偉大な力です。それが自力です。子どもの自力をどのように伸ばすか、それを見守り、栄養を与えていくのが親です。最近では、子どもを窒息させている親が多いのが問題です。

理屈よりも先に本体をそのまま持ち出さないと、自然とは一体になれません。過去の経験から、とっさの行動が取れるのは、自然と一体となった自分があるからです。

大人は若者とおなじ気持ちになれ

　高校生の男の子は、バイクを乗り回して暴走族の一員になり、近所迷惑で顔をあげて外を歩けない。中学生の女の子は日焼けサロン通いで真っ黒な顔で、化粧もケバケバしい。学校も休みがちで担任の先生からは、いつも呼び出しされている。子どもたちの親は、困ってしまって手の打ちようもない状態です。

　ここでわたしがいいたいのは、大人は若いひとから学ばなければならないということです。学ぶということは、現実にたいして横に並ぶことです。彼らとおなじ目の高さで物を見ることです。生涯、わたしたちには教えることはなく、学ぶということしかないのです。大人はそれにたいして気後れしています。

　十代の子どもたちの暴走族、服装・ファッションが行き過ぎ、性にたいしても自由過ぎなどを大人たちは心配しますが、それは大人たちが自分で自分をくくっていたからで、子どもたちのやっていることが自由に見えたのです。大人たちがそう見ているだけのことであって、子どもはそれほど自由にやっているとは思っていないのです。

わたしども大人は成功してきた体験を素地にして考えます。若い方々は、いま自分がやっていることが、将来どうなるかを知らないで足を踏み出しているのです。体験がないのです。もし、子どもたちがそのようにやっているのが気になるのだったら、大人たちもそれを一度やってみる。性にたいしてもやってみる。そうすれば、自分も形は違うけれどおなじことをやってきたなとわかるはずです。

子どもが薬物をやっており、その子を救い出そうとするならば、おなじ気持ちになる。それを批判して、ほかの子どもと比べるのでは本物の答えと違います。「あなたは薬物で損しているんだよ」といえば、薬物をやっていないひとが立派で、あなたは落ち目にしか見えないという裁判所みたいな仕事になります。

子どもが薬物に走って助けを求めに来られる親御さんがいたら、わたしならば、その場で助けられている自分を作ります。そこで若い方々が薬物をやっているのに、何で自分はできないのだろうという問いかけを自分にします。このようなじれったい自分を持ち出していくという動きが、相手を救います。子どもたちが悪い、こちらがよいというのはお裁きの場であって、子どもがすくすくと育つ場から乖離しています。親御さんが彼らから学ぶのです。四方八方から学ぶのです。

失敗された親御さんへ

親御さんがパチンコをやっている間、猛暑の車に残されたお子さんが亡くなられた記事を新聞で読みます。わたしはこんな記事を読むと、お子さんを亡くされた親御さんの立場になることができます。

若い親御さんは経験が浅い。上の子のほうは、パチンコをやっている親御さんのところに出たり入ったりしている。上の子が親御さんの周りをガタガタ走ったりして、「迷惑がかかるから」と叱ったりしている間に、車に残してきた幼児のことが脳裏から消えてしまっているのです。わたしはそこに問題があったと思います。

パチンコやっていて、お子さんがチョコチョコやっていたら、それを注意しなければなりません。親御さんとしては義務があるわけです。お子さんに仕事を与えていないから、ひとに迷惑をかけることになります。それを注意しなければならなかった。

お子さんが二人いて、ひとりが親御さんとくっついている。それには良いは悪いであり、悪いは良いであるという論理を持ってきたいと思います。

それが良いことであるのに、結果としてそれが悪いことになった。それが悪いことであるにもかかわらず、結果としてはそれが良いことであったのです。親御さんにしてみればいっしょで、きれいなものも汚いものもみないっしょだということです。

どこまでもそのひとの苦しみを抜き、そのひとのこころを安んじるように理解できるのがわたしどもの修行です。その理解は、だれでもうなずけるようでなければいけません。

その親御さんが落ち込んでおられる悩みを奪うことができたら、生きて奮い立っていただけたなら、わたしはそれでよいと思います。お子さんを死なせたことで、今後気をつけるようにされると思うし、よそのお子さんを見る目も違ってくるでしょう。よそのお子さんを見ても、なかなか立派に育てておられるなあと思えるようにもなります。

お子さんを亡くされたら、今度は立体感のある目で、ほかのお子さんの親にまで思いをはせるようになられるはずです。失敗された親御さんは、きっと残されたお子さんにしっかりした声援を送ることができるはずです。

お子さんを亡くされた親御さんは、今後も注意して歩かれるでしょう。お子さんにたいして自分の宝ものとして育てられるから親御さんのご人格、そのお子さんを死なせた親御さんの真摯な姿勢から広がりが出て、奥行きの深さを感じさせるのです。

子どもの将来なんか考えないにかぎる

身体に障害を持つ子のおかあさんが、「この子の将来を考えると、死ぬにも死に切れません。あと、だれが面倒をみてくれるのか。ほんとにこの子を殺して、いっしょに死にたいくらいです。もうわたしどもも年ですし」といわれ、涙を流されます。

おかあさんの涙を見ると、わたしも涙が出てきます。

でも、子どものことを思ってとか、子どもの将来のことを考えてとかいっているのでは、よい親子の関係が出てきません。「あんたの将来を考えて。あなたの将来のために」というのはダメです。将来なんか考えないにかぎります。いまこの現実にしっかりと対処する親自身の生涯学習です。いっぱいに、いまを生き切るだけのまことを尽くすことです。

だいたい事故を起こすのがみんな、つぎに何やろうかと思った突然のときに泡を食い事故になるのです。いま、何をやっているかに意識を集中したら、事故になんかなりません。

わたしたち坊さんは、何十年もおなじお経をやっているわけです。おなじお経しかやりませんません。それがみんな間違ってしまう。つぎは何やったかな、などと思ってしまうからです。これが間違いのもとです。いま、どこをやっているか考えていたら、自然につぎのところが出てきます。お経は多少間違ってもかまいませんが、こころそこに在らずがいちばんいけないのです。つぎは何だろうかと考えるのがまことからはずれた行為なのです。

だれも「指導される力」なんか持っておらず、どんなお方もすべてが指導力でできているのです。だから、徹底的に、自分自身が、いまこの場所で、「こういうこともできる。ああいうこともできる」という進め方でやらなければウソです。福祉でもボランティアでも、ひとに親切にせんならんのと違うのです。させていただくのです。ひとにたいして親切にさせてもらうと、わたしたちは不思議と自分が軽快なんです。その辺りを取り違えたらいけません。

人間は本来無一物であって、裸のこころ、裸の自分をつかめば、どんなことにでも対応していけるようになっています。柔軟な考えをもっているひとは、まさかのときに大きい力が発揮できます。これ以上隠すものがないという心境に達すれば、強がることも卑屈になることもありません。いまをいっぱいに生きれば、融通無碍な世界が広がり、向かうに敵なし、自然に向こうのほうから解決の糸口を示してくれるようになります。将来への不安など考えないでください。

一日中寝転がっている息子を叩き起こすには

就職拒否の青年が増えつづけ、精神科のカウンセリングにやってくる青年の七割が就職拒否だといわれています。いったん就職したものの、一週間で辞めてしまったというので理由を聞くと、自分が期待した職場ではなかったといいます。

就職する気も、とくに何をする気もなく、一日中寝転がっている息子を叩き起こすには、その息子といっしょになって、親も一日中寝転がることです。

大人は子どもと一体になる、いっしょになることが大事です。子どもの悩みや苦しみは親自身の悩み、苦しみです。

身体に障害を持っている子どもを、親は隠して外に出さない。それではよけいその子は成長が遅れてしまいます。ある身体に障害を持つ施設の子どもたちを、山へ連れていかせてもらったことがあります。雨上がりでドロドロだったので、そこに寝ころんだりされたらと、みんないやがりました。こちらは初めから泥まみれになるのは覚悟の上のことでしたから、子どもたちが泥に寝ころんだら、わたしもいっしょになって寝ころびました。

山の頂上まで登りつくのに、わたしといっしょになって寝ころんだり、起きたりしたグループがいちばん速かった。寝ころんでいると、子どもから逆に、「おじちゃん何してんの。今日は山に登る日やで」と励まされて、またいっしょになって登ったからです。子どもとひとつになること、子どもといっしょになるということが全体学習になるのです。

絶対矛盾の自己同一といいます。相手と絶対にいっしょになることはできないのに、それでもひとつのこころになれる。だから、ものとなって考え、ものとなって動く。そこには己れというものがなく、無我です。面目まるつぶれの自分であるのです。

また、「行住座臥」もまた、すべてこころの基本といえます。これもまた、子とひとつになれる、いっしょになるためのこころの基本なのです。

「行」とは、親が生んでくれた哲理というものを捨てて、ただひたすら釈迦の教えのままに行じることです。

「住」とは、一か所に留まる場所を知ることではなく、それが林のなかであっても生活ができるということです。

「座」とは、静かに、落ち着いて、座禅三昧の究極の生活です。

「臥」とは、疲れたら横になる。「コロッ」と死ねるから何もいうことはありません。

十三人の子どもを育てた母

平等だとか不平等ということにこだわっていてはダメです。こだわりすぎると、平等ということばでこころをがんじがらめにしてしまうからです。これではせっかく持って生まれた、ひとりひとりの個性や不平等な才能が活かされなくなってしまいます。

人間は生まれながらにして、背の高いひともいれば、低いひともいるし、太っているひとがいれば、やせているひともいます。算数の得意な子どもがいれば、国語が得意な子どももいます。スポーツが得意な子どもがいれば、スポーツが苦手な子どももいます。

てんでばらばらに生まれついた人間を無理やり平等という枠のなかに閉じ込めようとするから、変になってしまうのです。点数を比較したり、富を比較したりして、「落ちこぼれ」の烙印を押し、「おまえはダメだ」とレッテルを貼るから問題が生じるのです。

わたしの母は昭和四十五年に亡くなりました。父は事業や政治に明け暮れて、ほとんど家に帰ってきませんでした。愛人もいました。その愛人に産ませた子どもまで含めると、十三人の子どもを、父は母にあずけ切りでした。

母は何ひとつぐちをこぼさずに、一つ屋根の下でこの十三人を全部育てあげました。それもだれひとりわけへだてすることなく。いまでも、だれが本妻の子どもかという垣根を越え、それを壊して仲良くつき合っています。わたしどもはみなふるさとは空において、完全に一体化しています。ひとつの家でいっしょに暮らすことによって空になれる、空になれた、この両方を知っているのです。

では、十三人の子どもが全員平等に育ったかというと、そんなことはありません。母はひとりも手元におかず、十三人すべてをはやばやと独立させてしまいました。だから金持ちもいれば貧乏人もいるといったように、それぞれが不平等に暮らしています。

母がこころを配ったのは、「不公平にならないように」ということだったのです。十三人の子どもたちが、こころをくくられずに、自分を丸出しにして生きていける公平さ。これを大切にして育ててくれました。平等だとか、不平等だとかにこだわらずに育ててくれた母のおおみごころを、母からさずけられた苦心の賜ものとして、わたしたちはいまも大切にいきいきと暮らさせていただいております。

母が息を引きとったとき、わたしども兄弟は全員その母のまごころに、「ありがとうございました」と深々と頭を下げました。そのときの光景をいまもはっきりと覚えております。

第6章

孤独になり切ったとき、こころは自由になる

悲しいときにはとことん悲しみ、嬉しいときには精いっぱい喜べばいい

母子家庭で育ってきた男性のおかあさんが最近亡くなり、孤独にさいなまれ、怖くて夜も眠れないといいます。病院で検査をしても異常はないのに、いつもどこか病気だと思い込み、不安におびえて定職にもつけません。すべてにやる気を喪失しています。

自分の命を込めたものなら、亡くして嘆くのが当然です。そのときは、とことん嘆き悲しむ。これがつぎへのやる気を燃え立たせるエネルギーになるのです。悲しいときにはとことん悲しみ、嬉しいときには精いっぱい喜ぶ。これが人間本来の姿だと思います。

人生、清流ばかりあるわけではありません。急流、濁流、洪水もあります。そのときどきの流れに合わせて、その流れを信じて乗り切ってこられたあなたです。ご自分でりっぱにその流れを乗り切って生きてこられたから、今日があります。

禅とは一種の精神医学です。仏法とは、お釈迦さまが悟りを得るために歩かれた道のりであり、仏道とは、お釈迦さまが菩提樹の下で悟りを開かれたその精神状態とともに、一直線におなじ道を歩もうとすることです。

悟りとは、何ごとにもとらわれない自由平等な動きで、それは無心のときに適うのです。つまり、頭を空っぽにすることです。

また、禅とは意気だともいえます。よく自分自身を見つめ、精いっぱい現実に向かっていく気概を養うのが禅です。超然として生きるための教えではありません。

ひとりひとりが自分の人生を丸出しにして、毎日毎日、一瞬一瞬をしっかりとかみしめ、大切に勇敢に立ち向かっていく。そのような強い人間をつくりだす道程だといえます。

大仙院には、たくさんのおひとに来ていただけるので、その方々には、

「あなたには、もともとやる気があるのだ」

ということですすめさせていただいています。やる気、意欲を燃え立たせ、七転びしても一回多く起きる。八起きというものをもって、だれもが生まれてきています。

一回でもよけいに起き上がれると考えなければ、無駄なエネルギーがもったいない。転ぶことを嫌がったり怖がったりしていてはいけないのです。

単発的な出来ごとを、コツコツ積み重ねてこなかったら、今日のあなたはありません。

「ひとは生まれながらにしてすごいんだ」と、いつもひとにいいながら、同時に自分にもいい聞かせているわけです。

あなたは生まれながらにして仏であることに気づく

人間の体というのは、至誠真実でできています。清らかなのです。みんな神とおなじに奥深い源底に至誠真実を持っています。あなたは生まれながらにして、仏です。仏というものは、まっ裸のもので、至誠真実・清浄三昧です。

盤珪禅師のことばに、「不生禅」というのがあります。これは「あなたを生まれる以前の仏法に戻しなさい。あなたは生まれながらの仏法でいい、そこに立ち戻りなさい。ひとは生まれながらにして自然に仏法を発揮し、その行状で人を教え導くようになっているのだから」といっているのです。

仏法を無理に発揮しようとするからいけないのであって、そんなことをしなくても、生まれる前からちゃんと仏法を発揮して、至誠真実・清浄三昧でいるというのです。だから、あなたが生まれながらにもっている、不生の仏法のままでいい。

仏法を聞いたら、仏法を行わないといけないと思ってしまう。そうではなしに、そのときすでに、あなたはりっぱな仏法をもって行じております、というのです。お金持ちだろうと、生活苦にあえいでいるお方であろうと、至誠真実・清浄三昧の古賢聖哲の精神力は、生まれながらに持ちあわせているものです。これがいっさいの文化の創造と発展に必要な根源になっています。

この線でいくと、どのひとも孤独から救済することができます。これを手に収めていないと救済できない。不生禅でなかったらダメです。生まれる以前の生まれながらのままでいい。不生の仏法に戻しなさいということです。努力したものが尊いのではないのです。ところが、生まれながらにして仏であることに気づいていないひとが多すぎます。

ひとはだれしも、そのひとが生まれてきたことによって、そのひとが持っているいろいろなものを、こちらの側が受け取れるわけです。ひとがわたしに教えようというのではなしに、こちらから受け取ろうとするものがたくさんあります。だから、寄せ集めてみたら、このひとと、あのひとがいっていることが矛盾しているときもある。そんなときは、頭で考えるのではなく、そのまま頂戴するだけです。無の媒体をとおして、ひとさまに無我愛で親切にできるのです。

生命とは偉大なもので、まさかというそのときどきにりっぱに対応できるものを持っていますから、孤独にひきこもることはありません。

仏法を聞けば、孤独は明るい

「明歴歴露堂々」「歴歴孤明聴法底」といって、周囲からたったひとりに抛《ほう》り出されたときに、初めて明るい仏法が聞けるという意味です。「勝ったときは有頂天になって、生まれながらに持ちあわせている光輝に満ちた力が拝めないのに、毎度毎度負けつづけると、自分の内部に隠し持っている珠玉のようなパワーや技術がつぎつぎと発見できて愉しい」と、剣道をやっているお方がいっておられます。高段位になるほど、これが出てきます。

「歴歴孤明聴法底」とは、仏法のことばを聴いたひとは、ひとりでいても、いつも明るいこころでいられるという意味です。「慎独」とは、たったひとりになったとき、家を治めるとか、国民を守るとかのひとの立場になれる、ひっそりとひとりを慎むこともできるという意味で、そのなかの歴歴孤明こそほんものです。孤独の明るさを知ろうと思ったら、当然、突然の孤独の苦しみのなかに自分の体を持っていかなかったら、ほんとうのものは理解できないということです。

孤独の孤というのは、一個の個という意味です。その個は、明るい可能性に満ちている。

孤独のほんまものの悩みは、事々物々悩みそのもののなかでワアワアいっている過程が「任運騰々」、自然に任せきったそれこそ真の自由・孤独そのものだということを、平静から認識しておいてもらうに限ります。たったひとりになっても明るくいられるひとは、仏法を聞いたひとです。孤独のときに仏法の声を聞くのがいちばんの近道です。

よく永年いっしょに暮らした相手に先立たれて、しょんぼり孤独のなかにいるひとを見かけます。それはいかにその夫婦がこころも体もひとつ、一体心になりきってやってこれたか、ほんまものの夫婦であったかを物語っています。

これこそほんまものの証明です。その夫婦は、ほんとうに輝いていたわけです。

男の孤独も女の孤独もないのであって、みんな一体のものです。自分は男だから、女の孤独がわからなかったらいけないと、女の孤独について聞くことがありますが、女の孤独を聞いてびっくりするわけです。それで男も女もいっしょだなと初めてわかるのです。

夫が死んでも平ちゃらだ、妻が死んでも平ちゃらだというのは、夫婦の呼吸がぴったりと合わなかったのではないか。やはり、落ち込み錯乱して、平静さを失っているあわれな姿を見たときに、以前の夫婦としての輝きが初めてわかります。女は男よりも、深い人生観を持っています。女は子どもを産むとき、一度死んできているからです。

孤独になり切ったとき、こころは自由になる

人間、生まれてくるときもひとり。死んでゆくときもひとり。ひとりで来て、ひとりで去る。つまり、「独生独死独来独去」です。

弘法大師空海は、『秘蔵宝鑰《ひぞうほうやく》』のなかでつぎのように書いています。

「生まれ生まれ生まれ生まれて生のはじめに冥《くら》く

死に死に死に死んで死の終わりに冥《くら》し」

このように、人間の一生とは、まことに冥闇のなかをさまようごとしです。人間はそれぞれ、そのときそのときに自分なりの孤独を抱えて生きています。とくに自分自身の健康が損なわれたときは、「何でこのおれだけが」と情けなくなり、孤独を感じます。

孤独に耐えるなどと、他人には偉そうなことをいっていますが、孤独に耐えることを考えると、そこには孤独に耐え切れない自分の姿だけが思い浮かんできます。

また、身近なひとから引き離されたときも、人間は孤独に陥ります。とくに年寄りはそうです。老夫婦は片方が死ぬと、他方もまた死ぬことが多いのもそれを物語っています。

お年寄りから仕事を奪ってはならないといいます。何もすることがなくなると、急にふけてしまいます。とくにお年寄りは肉体的に孤立させると精神的にも孤立します。

そのような孤独感や孤立感からのがれるために、不動心を獲得したい。孤独になり切ったとき、こころは自由になっています。こころは何ものにも揺るぎません。それが不動心です。そのときになって初めて明るい自分が見えてきます。孤独のなかでも明るいのがほんまものです。孤独で生まれ死ぬ人間は、その生涯でいろいろなひととの交わりを持ちます。その交わりの間の尊いものを引き出すのが大器です。

弘法大師空海の教えの中心は、「即身成仏」です。死後の問題よりも、生きているときの幸福を願う「現世利益」です。禅宗の考え方も、「即身成仏」あるいは、「即心成仏」です。「現世利益」のほうには、さほど力点をおきません。人間の能力は無限だからです。無限の世界で利益とか幸福とかを一定の尺度でとらえることができないからです。

孤独だから不幸であるか。これは他人と比較することではありません。孤独をありのままに認め、それを恥も外聞もなく人前にさらけ出す。それが不動心です。悟りです。悟りは「差取り」です。つまり、いっさいの私心や差別を取り除いた天地大自然と一体のビクともしないこころの姿です。

「怖れなさんな。大丈夫だよ」

わたしは坊さんですから、仏像を拝みますが、べつに偶像崇拝しているつもりはありません。わたしは仏像について、仏祖・聖賢・ご先祖のこころの真理を示しているシンボルだととらえています。だから、これらの先人の真心に毎日手を合わせて祈っているのです。仏像へ込められた先人の祈りの姿とひとつになる自分自身の敬虔さ、慇懃なこころが重要であると理解しています。

もともとの釈迦の教えに仏像はなかったのに、中国の山奥で磨崖仏ができてからのことだといいます。至心に敬信の情を表すことで、自分と周りの環境との調和ができてきます。格調低く、見る影もなく、みすぼらしく卑しい自分が、天界からの使者に礼拝する姿勢、これは小さいお子さま方が持つ神々しいばかりの清浄心を礼拝する歓びと変わりません。

地球上のすべてが拝まれる存在なのです。わたしは、ほんとうに有難いことだと思うのです。わたしの仲間は、「坊さんにしてもらったお陰で、有難いことばが聞ける。それでこころが落ち着きます」と漏らしますが、これこそ有難い話です。金があろうとなかろうと、地位や名誉があろうとなかろうと、どんなひとにも孤独はつきものです。孤独のてっとり早い救済の方法などは、どこをさがしてもないというのが当たっています。

巨大な東大寺の大仏さんを建てた聖武天皇をしても、天下を支配したひとでさえも、あの大仏に匹敵するほどの巨大な苦悩を抱えていたのだと、わたしは見ています。

東大寺の大仏さんの手の形を見てみると、右の掌を軽く上にあげ、左の掌をゆったりと下にのばしておられる。この印の形を、「与《よ》願《がん》施《せ》無《む》畏《い》」の相といいます。

右手を軽く上げて、「ちょっと待て！」という形をしているのが、「施無畏」で、「待て、待て、きみたちは何も怖がることはありませんよ」という大悲のこころを表しています。下方にさしのべた左手は、「きみたちの願いはすべてかなえられますよ」という大慈のこころを表しています。

人間は、悩み、苦しみ、怖れ、悲しみ、そして怒ります。そして孤独に苦しみます。そのようにできてしまっている動物なのです。大仏さんは、その哀れな人間にたいして、「怖れなさんな。大丈夫だよ」といっておられるのです。わたしは、東大寺大仏の巨大さは、人間の苦悩はあれほどに巨大なものだということを表現していると理解して投《とう》地《ち》礼《らい》拝《はい》を繰り返すのです。

生来のものを発揮すれば安らか

わたしたちが生まれながらに持ち合わせていたものがあります。それは多分、子どものときなら無理に気張らなくても自然に発揮できたものだったはずです。あなたがそれに気づき、いまそれを発揮できたら、こころはいつも安定した状態でいられます。

江戸時代初期の天海大僧正のことばに、「気は長く、勤めは固く、いろ薄く、食細くして、こころ寛かれ」というのがあります。これはわたしたちは生まれながらに、だれもが持っていたものです。どこかに置き忘れてしまったから、こころが動じるのです。

おなじようなことが中国の論語のなかにあります。

ある日、孔子が弟子の顔回と子路に、「きみたちの求めているものはなにか」とたずねたところ、子路は答えました。

「友人に、車や馬や外套を貸して、それがボロボロになって戻ってきても、くよくよしない人間になりたい」

一方、顔回は答えました。

「善いことは自慢せず、つらいことはひとに押しつけない人間になりたい」

ところで、子路は孔子にたずねたのです。

「先生ならいかがです」

「年寄りには安心してもらうように。友たちには信じられるように。若いひとからは慕われるように」と、孔子は答えました。

いずれも人間と生まれて、どのような人間形成が望ましいか。自分自身のひととなりにたいする抱負です。子どものときに、どなたも持っていた「こんな人間になりたい」ということが、いまはどんなことからか、自己内面の精神的向上、基本・基礎の練り上げを考えるひとが、極端に少なくなってしまったような気がします。

これでは、食べるもの、着るもの、生活する家がなくなったときに、ビジョンも自信もなくなり、かんたんに孤独に陥り自殺に走ってしまうようになります。

そのひと自身のひととなりと特性の練り上げ・向上によってこそ、仏さまらしい働きを発揮することもできるのです。だからこそ、臨済禅師もその末期に、

「誰か知る　我が正法眼蔵　この瞎驢辺に向かって滅却す」

といい終わって、端然として示寂したとあります。

自然体を養うための処方箋

どうせこの世に生まれてきたからには、常にゆとりをもって、自然体で愉快に生きようではありませんか。余裕しゃくしゃくで、縛られず、こだわらず、愉快に生きるのが一番です。とは言っても、自分自身をいつも自然体にすることは、むずかしいものです。

自然体にできるだけ自分を近づける処方箋として、勝海舟の座右の銘、「六然」を勧めます。ここにある「然」はすべて、「自然」ということです。

①自処超然《じしょちょうぜん》＝自らを処すること超然たれ（自分をたえず突き放して眺めなさい）

②処人藹然《しょじんあいぜん》＝人を処すること藹然たれ（ひとに接するときは、なごやかな気持ちで応対しなさい）

③有事斬然《ゆうじざんぜん》＝有事には斬然たれ（一朝、ことあるときは、旧来の考えにとらわれない勇断をふるいなさい）

④無事澄然《ぶじちょうぜん》＝無事には澄然たれ（ことがおさまったあとは、雑念を払い、清閑を楽しみなさい）

(5)得意《とくい》澹然《たんぜん》＝得意なときは澹然たれ（ものごとがうまくいって得意なときは、うきうきして軽佻浮薄になりがちだから、つとめて淡々とした態度を示しなさい）

(6)失意《しつい》泰然《たいぜん》＝失意のときは泰然たれ（失意したときは、やせがまんでもいいから、ゆったりと落ち着きをみせなさい）

これらはすべてわかり切ったことばかりですが、ここにわざわざ書いたのは、実際にこれらを身につけることは、なかなかできにくいからです。

自分のことは客観的に見られないものだし、他人のことを非難しがちだし、有事にはうろたえて打つ手を忘れるし、無事には退屈をもてあますし、得意のときは有頂天になって大騒ぎをするし、失意のときには悲嘆にくれて泣き叫ぶ。自然体をもちつづけることは、つまり、人生の流れに乗って生きるのは、とかく難しい。

人間は感情の動物です。嬉しいときには思い切り笑い、悲しいときには思い切り泣けと言いました。思い切りそうすればいいのです。でも、それは自分ひとりの心のなかでやってください。ひとに見せてまわっても、なんの役にも立たず、かえって迷惑です。自分が楽しいからといって、他人も楽しいと思ったら大間違い。悲しいからひとが同情してくれると思ったら大誤解です。自分の生命は自分の力で錬り上げるほかに方法はありません。

第7章

死んでもともと、思い煩うことはない

死はやはり悲しい、寂しい

ひとの死は、此岸から彼岸に移ることだと、坊さんとしてある程度理屈ができてはいるのですが、自分のこととなると読みが悪くなる。はた目八目で死を遠くから見ていると、八目先までは見えるのですが、生死にこだわると読みが悪くなるのです。

妻・孝子は平成元年八月十六日、癌で逝きました。孝子とは出会いそのものが夫婦みたいなもので、それからの長いながい夫婦でした。食べていけない寺でしたから、さまざまな応用問題をこなしながら、孝子といっしょに、ふたりで抱き合ってやってきたわけです。もとからいなかったら、どうということもなかったのでしょうが、永年のつき合いがありましたから、そのひとがこの世から消されてしまったのは、やはり寂しい。太陽の有難さを感じることなく、太陽が照らしてくれるのが当たり前になっていたのです。

妻の死によって、これまで構築してきた基盤、基礎が全部壊れてしまうわけです。

身近の家族が死んでも悲しんだらいかんということを、こっちは知っています。済んだことをとやかくいうのはアホなこっちゃと知っているのです。悲しむやつはバカだということも知っています。

でも、妻の死にあって、やっぱり自分もみんなとおなじように悲しむんだなということがわかりました。

ひとの死が身につまされて、ひとごとだとは思えません。自分も相手もみなおなじように悲しむこころがひとつであるというか、そんな考えのできるのが有難い。妻を死なせてはじめて世間というものがわかるのです。

妻が亡くなってから、

「愛し合っていたんですね」

といわれたりすると、ホロッとします。涙がでてくるのです。そうなると坊さんという悟りを開いた人間というよりも、ふつうの人間の部分がたくさんでてしまいます。それをどこかに片づけたいから、ごまかすために虚勢をはってしまうのです。

たとえかけがえのない妻の死であっても、坊さんにはショックは許されないものなのです。平常心が保てなくなりますから。ひとりで生きてきたのだから、妻が死んでもちゃんとひとりで生きていかないといかんわけですが、それがなかなかできません。

「なんじゃ！」というわけです。

死は眠りに入っていくようなもの

死んでいく本人はそのまま眠りに入っていくようなものだといわれます。実際、わたしもそう思います。死んでいく本人にしてみれば、死んでいくのかどうかわからないでしょう。でも、死んでいくひとの脳波をじっと見ていると、安らかに死んでいくのがよくわかります。人工呼吸して生き返らせるのもかわいそうだから、眠っているのを起こさないで、そのままそっと静かに死なせてやりたいという気持ちになります。

よく聞く話ですが、お医者さんが横にいて、「ご臨終です」といったら、そばにいたひとがみんな、「ありがとうございました」と頭を下げた。

ところが、ご臨終の本人は眠っていただけでしたから、「なんじゃ」といって起き上がったわけです。死んでいったものが生き返って、みんながびっくりしている間に、こんどはほんとうに、「ふーっ」と息を引き取る。

お医者さんにしてみれば、いつ「ご臨終です」というか、その辺が大変むずかしいところです。お医者さんが横にいるのに、そばにいた家族から、「あらっ、死んでまっせ。さっきから死んではったんやないの。医者が横におってなんやの」などといわれたら沽券にかかわりますから、その前に「ご臨終です」といわないといけない。つらいところです。
また、笑えない話に、死んだといわれて通夜の支度でもしなければと、台所で牛蒡でも炊こうかといっていたところが、「ごんぼ炊くのは、まだ早いで。何いうてんのや」と、死んだはずのひとが声を出したり。どこをもって死というか、むずかしいところもあるのでしょう。

在宅看護をやったことのないお医者は、治療や投薬なしで死んでいくお年寄りに、何らかの手を施そうとします。

在宅で治療も投薬もなにもなしで、枯れ木のように安らかに死んでいく老人に出くわすと、病気があって死があるなかで働いていた自分たちの仕事は、いったい何であったのだろうと、大いに反省させられてしまいます。

死に顔の美しさというけれど、本人はやれやれと安らかになって眠っているのですから、それはきれいに見えるはずです。実際、納まっていくべきところへ納まっていく顔ですからきれいなのです。死に顔を見たひともまた、遅かれ早かれ死んでいくのですから、どちらの側も「思い邪無し」で共鳴しあう崇高な一瞬といえます。

かくの如くしてこの世に出て、かくの如くして消え去っていくもの

禅では「如々来」といって、かくの如くして自分はこの世に出てきたという考えがあり、生命をただせば、如来なのです。それはかくの如くしてこの世に出てきて、かくの如くして消え去っていくもので、そこには生とか死という考えはありません。

かくの如くして出てきた生は、わたしたち人間に課せられたものであって、それは永遠のものです。

わたしたちは両親との因縁によって、この宇宙の一部として産み落とされ、生を与えられました。縁とは寄りかかるという意味で、寄りかかるところがあって、結果としてこの世に現れて生命になった。まちがいなく因縁によって生をえたのです。

仏道は生死解脱を説くものですが、その考えのなかには生も死もありません。だから、死ねば形はなくなってしまいますが、ちっともなくなっていないのです。そのまま永遠に生きているのです。

わたしのように妻を亡くしたものが、再婚しようとするときに、「生き別れ（離婚体験

のあるひと）と再婚するならば、のちのち上手に夫婦はつづくけれども、死に別れのひとは、「再婚するものじゃない」といわれます。

死に別れのひとには、前の夫が忘れられない。胸に焦げついて消え去りがたい哀しい印象が残るからです。

離婚したひとの場合は、前の夫に軽蔑されることのないよう、壊れることのない新生活をしたいと、いつもどんな場合にも生きたこころがけがあるからうまくいきます。

このように考えると、死を恐れるのはおかしいのです。形は消えてなくなるけれど、死んでいないのですから、恐れること、怖がることはありません。それでもやはり、形が消えてしまいますから、寂しいとか悲しいというのは残ってしまいますが。

人間には、天地宇宙に愛着がありますから、それゆえに万有が生まれてくるのです。禅宗では、人間が火葬場で煙となって大気中に戻り、いずれは地水火風の四つになるという考えかたをします。この四つをぴったりいっしょにする根元的なもの、結合するもの、それが愛であり、こころであり、性なのです。

生きるのが苦しいと悩んでみても始まりません。それならいったん死んでしまったものとして考えたらどうかというわけです。

亡くなったひとといっしょに歩いているから、生きていられる

死んで亡くなるというけれど、亡くなるという世界はないのです。愛したひとが亡くなっても、体のなかにひとつになって生きているのですから。倶会一処であり、同行二人です。体がもうここにないひとと自分がひとつになってやっているから、生きていられるのです。

愛したひとがいたときとおなじ生活をしていれば、ひとつになって生きていられる。亡くなったひとが見てくれているというよりも、そのひとの体のなかに自分がいる。だから大きい顔をして生きていけるのです。ひとりで生きているひとは、しんどいと思います。

亡くなったひとといっしょに歩いているから、りっぱに生きておられるのです。自分の先祖が、自分のやっていることを半歩でも一歩でも認めてくれている、受け止めてくれているという感覚のもとにやるから、堂々と歩いていけるのです。

それがなかったら、やっぱりフラフラしてしまいます。

「うちの亡くなった主人がどうのこうの」と話すのは、そのご主人があなたのこころに生きているからです。亡くなった主人を抱いて生きているから、ご主人の話が出てくるので

す。だから死んではいないのです。

霊は品物とは違って、わたしたちを支えてくれる神です。こころの奥底の光――精神です。幽霊の幽も霊もおなじもので、現在自分のいる次元を一段上昇する。さらに、もう一段深いもの、崇高なものです。神も仏もいっしょ、ひとつのものです。人間は天と地の間にある自然の姿、理想の姿、こころの姿をいただいていないと、理性が働かない。硬直状態となって体が動かないのです。ごく自然に体のバランスとしてそれがあるのです。いっそうの奥深い源底があることを知らないひとは、お気の毒です。

ひとの体は、「幽鳥弄真如」といって、すべてが理性で動いているわけです。幽鳥は鏡に映った景色のようなもので、つかむことができません。こころのなかの鏡にちょっと景色が映るだけで、それが動いたらまた別のものが映っている。真新しくあるのです。

自分というものも自己というものも、矛盾でできているのです。自然とか神とか対比するものではありません。自分も自己も自然のなかのひとつの粒子であって、一部分です。自然のなかに自分が引きずられてはいけません。「天上天下唯我独尊」でなければなりません。自分がやらなければだれがやる。だれもやってくれないじゃないか。「歴々孤明聴法底」、正真正銘、ひとりで生きていく以外にはない即今の自分なのです。

未来を思い悩むことはない

あなたは、何かにあまりにもこだわりすぎて生きていませんか。先ばかり見るから自分が小さくなってしまう。日本は世界最高の長寿国になり、人生八十年です。ところが、最近では長生きするぶんだけ老後が不安だというアンケートが続出しています。毎日をくよくよ考えている人間が、あと五十年も生きなければならないとかと考えれば、いい加減うんざりするだけの話です。いったい何を考えておるのかといいたい。

いまの若いひとたちは、なんとなく年寄りじみているといいます。テレビをはじめとする情報社会のなかで育ったために、ものごころがつくころから、自分の一生がわかってしまうからだといいます。それが事実なら、こんな不幸なことはない。

あとで振り返ってみると、恐ろしいと思うほどの細い道を一歩、一歩踏んだりするときは、先を考えたり、後を考えたりしていたら震え、びびって落ちてしまっています。だから、現在どんなふうに足を動かしているかだけを考えて歩くだけでいいのです。上や下などをよそ見していたら、怖くて歩けません。現在だけをコツコツ歩くと、生命体として力強く生きていけるわけです。先ばかり見るから、自分が小さくなってしまいます。「あれせんならん。これせんならん」というのではなしに、「ああもできる。こうもできる」と、その有難さを理解できることです。

ちょっと迷っただけで、虫けら以下のクズみたいな人間になってしまいます。迷いがさめたときには人間だれしも、もとの仏さんになっているわけです。仏性を信じないひとは、ほかの景色を見たがります。ひとの姿を気にしてのぞいては、「おれだけ、なんでこんな目に遭わなきゃいかんのか」と、自分を卑下するように見てしまうわけです。

死んでもともとです。過去にとらわれて生きるのでもなく、未来を思い悩むでもありません。人が人として立派に生きてこられたその道筋には不動心といって、生まれながらにして備わっているその人だけが持ち合わせている特性があります。それがあれば、死など怖くはありません。仏性というのは生まれながらにして備わっているものですから、それを有難く使わせてもらう。それはだれの努力によって生まれたものでもなく、生まれながらにして備わっているものを、使わせていただくだけのことです。

できないのに、何かしてやろうともがいたら、できるものもできなくなってガタガタになってしまいます。現在を一気、一気で生きる。この集積が人生です。

みんな迷わず上手に死ねる

いかに上手に死ぬかといいますが、ひとはみな上手に死ねるのです。ちゃんと死ねるようになっています。なっているから、そこに悟りというものがあります。

死ぬときは死ぬとき。迷うことなんてありません。迷いがあるとしたら、自分のこころの中にブチ壊すことのできない壁を持ち込んでいるからです。自分自身の気持ちがいじけて、生きていないからです。

人間は死にます。死ぬといっても、だれも早く死にたいと思わないでしょう。だから、死ぬことを考えるより、生きることを真剣に自分の目で見つめることです。他人の人生を見て、わかったような顔をしないで、自分の人生コースで一所懸命走ることです。

この宇宙はみな一切空です。「色即是空」の「色」は、目で見える形のあるものです。人間の肉体もこのなかに含まれます。肉体は即ち空であり、空は即ち肉体です。

この肉体はそのまま大宇宙であり、大宇宙はそのまま肉体です。相反することを繰り返しながら、波の上を大揺れに揺れながら、体はみごとに空におさまるようになっています。

老いという怖いものがあるのだと、みんながダマされていますが、老いなんかないのです。「年取っていくんだよ」と、おどされているだけです。終着点がそこにあるかのように見せられているだけであって、終着点など実際ありません。

そのようなことをいっているひとは、意味がわかっていないのです。それなのに、どうして相手を怖がらすのでしょうか。何でそのようなことをしなければならないか、何を考えているのだといいたいのです。

みんな死ぬときは死ぬのです。それは来世に渡るだけであって、どうということはありません。これまでどんなひとだって、ちゃんと来世に移っていったじゃないですか。

死について、般若心経では、最後の行で、

「羯諦《ぎゃあてい》羯諦《ぎゃあてい》　波羅《はら》羯諦《ぎゃあてい》　波羅《はら》僧《そう》羯諦《ぎゃあてい》」

といっています。その意味は、「行く、行く。なんと、迷いから悟りへ」となります。

「何と、何と。迷いから悟りへと行けるじゃないか」

という驚き、感嘆があります。

死への恐れ、悲しみ、不安ではなく、死ぬことさえも驚きであり、歓喜ですらある。

仏法はこのように説いているのです。

楽しみながらの死に支度

幸せに死にたい、安らかに死にたい。そのためにいま、死に向かってやるべきことは何かと聞かれます。つまり、死に支度についてです。死ぬも生きるも、これはいっしょのもの。だから、死に支度は生きるための支度で、これは全部いっしょのものです。

いまというものの瞬間が幸せで安心でなかったら、この世になじむことはできません。あの世にいってもおなじです。死に支度も生き支度も、そのためには、仏法を極めておくことです。仏法をほんとに悟れているかどうかで決まります。

死ぬとき、邪魔になるのが思い、つまり、雑念です。そのためにわたしたちは平生から雑念を捨てるために、数学のときには数学の家の子となり、理科のときには理科の科目に没頭し、社会科のときは社会科のところへ死にに行くのです。そこへ行ったらそこの子になる、そこへ自らを埋めに行く。平生から生きるために生きるのではなく、いかに死に切るか、まことを尽くし切るかの修業で学習させていただいているのです。

無媒介でなければ、わたしたちはこの宇宙環境とほんとうに立ち向かったことにならない。チャレンジは先人から学ぶものをひとつももたないひとのやり方でしかありません。勤め先の経営が思うようにならないと、自らの命を絶ってこの世から消えていくひとです。

ひとはだれしも「自性」という自然と一体のすばらしい性をもっています。「青山も不動」ということばがあります。それは生まれながらに備わっているものであり、生まれたり死んだりしないものであり、動揺しないものであり、自分自身を導く力そのものです。

楽しみながらの死に支度のひとつに、座禅のときに読むお経があります。

禅宗の坊さんは、好むと好まざるとにかかわらず、毎晩、寝る前に読みます。これを読むと仏とは何かがわかります。これがまた、死に支度、準備になり、安心になるのです。

中峰和尚さまという方の「座右の銘」を、わたしはいつも読んでいます。わたしも実はこれまではどうということなく読んでいたのですが、ニトログリセリンをもたせてもらってから、初めてそのなかに書かれているほんとうの意味がわかるようになりました。

中峰和尚さまはこれを命をかけてつくったものだと、いまになってわかってきたのです。

このお経は三部にわかれています。一部と二部はおもに坊さんが読むようにできていますから、つぎの項で、その三部だけここにご紹介します。そのお経を毎日「座右の銘」にして読めば、こころが穏やかに、安らかになり、楽しみながらの死に支度になります。

まごころを読めば穏やかに生きられる

楽しみながらの死に支度のお経です。毎晩寝る前にこれを読むと、あなたも仏法の極意を納得して、穏やかに生きられるようになります。

生死事大光陰惜しむべし　無常迅速時人を待たず
人身受けがたし今すでに受く　仏法聞きがたし今すでに聞く
この身今生に向かって　度せずんばさらに
いずれのところに向かってか　この身を度せん

この意味をわかりやすく説明すると、つぎのようになります。

「生身のままで一気一気と死に切る三昧が大事だ。決まっているとか、知っているとか、そんなことなんか全然ない。ほんまに瞬時にしてさっきあった命が、われわれの形が変わってしまう。

わたしたちのこころや体は、鏡に映った景色のようなもの。景色が映ったとしても、それは仮にあるだけだ。時はひとを待たない。またすぐにつぎの世の景色が映っているではないか。すぐにあの世が映るのだ。死も生もありはしない。だから非常に気楽なものだ。時はひとを待たずにスッスッと消え、景色を変えていくのだから。

この世に生を受けるのは、なかなか得がたいことだ。ひとの命は泡のようなものである。滝から落ちた水は、そのまま流れていってしまう。とはいっても、現在ここでこの泡になること自体、なかなか得難いことである。

同様に、仏法もなかなか聞きがたいものだが、いますでにわれわれは聞かせてもらっている。このツネッてみて痛いと感じる自分の体を、この生において済度しなかったら、いったいどっちを向いてわたしたちは自分を済度するのだ」

仏法を聞くと仏法を行わないといけないと思ってしまいます。そうではなしに、そのときすでにあなたはりっぱな仏法をもって行じているのです。現在の場所を安定にもっていこうとするならば、これでなければいけません。この線でいくと、どのひとも済度できます。毎晩読むという規則をつくり、それを自分に課することによって、自分の人生が引き締まります。それが結局、自分を育てていくことになります。

第8章

生きていることが感謝

いまあることが喜びだ、感謝だ

死というものを見つめ、死というものを中心に置いて、現場に体をもっていくことが、生きる喜びになります。息を引き取る間際までそうあるべきです。

わたしたちの体の中は、刻々と死んでいきます。つぎつぎと死んでやろう、死んでやろうというやつばかりです。

七十歳が目の前に近づく年齢になると、死が裏にあるから追い立てられます。死が近づいていますから、自分が死ぬというところに追い立てられています。

「お待ちしていますよ。いろいろやりたいことがあったら急いでやっておいてください」と、いずれ戻るべき場所から声が聞こえてきていますから、ちょっとでも仕事を片づけておこうとするアホみたいなわたしの姿があるわけです。

死を考えずに生のなかで精いっぱい尽くす。死なんてつまらないものを考えるのではありません。生のなかでいっぱい尽くす癖をつけ、活性化している自分を持つことが、いちばん大切です。

先輩が残してくれた文化は、みんなそんななかから、活性化のなかから生まれてきたものなのです。どうしようもないことに手を休めたり、足を休めたりしないで、いっぱい、いっぱい生きることです。

ありもしないことも、あることも、どっちも全部ないのですから。何もありはしないのです。生命というもの自体、いい加減なものですから、せっかくの自分の存在というものを面白がり、喜びを感じて、感謝して生きないとバチが当たります。

存在というものは、痛いところを感じることができる、ツバをかけられたらカーッとする、そんなことでも喜びを感じることです。自分が存在することに喜びを感じなければなりません。わたしが説明しているのは、そればっかりです。

それはまた現場に体をもっていくときに初めて、自分はこんなこともできる、あんなこともできると、できることへの喜びを感じるわけです。現場に体をもっていかなければ喜びなどありません。

死以外のことすべてが、生きていることです。この世に生を受けて生きるという基本は、手が動く、足が動く、目が見えるということです。それができる。そのこと自体を、えらいものやなあと拝むのです。

人生は自分の中の仏さまに出会うための道程

すべてのご縁にたいして、「有難いこっちゃ」と自然にことばにでてきてしまっている自分で生きることです。何に有難いということでなしに、ただただ芯からほんとに有難いと思うことです。それが向こうの有難い生命と、こちらの有難い生命がひとつになってている状態です。中途半端ではダメです。これでは自分の前に仏さんも何もありません。

向こうもこちらも、そのような区別は何もないのです。明日のわからぬ短い人生だから、無二無三、空であり、無なのです。生きていることが有難いのです。

生んでもらったこと自体が有難いのです。そのように考えられるひとには、生まれてきたことに対する救いがあります。それが仏の教えです。それをしっかりとこころに刻んでおくことです。

子貢が師の孔子にたずねました。

「子張と子夏では、どちらが優れていますか」

孔子は答えました。

「子張はできすぎている。子夏はでき足りない」

「それでは子張のほうが勝っているのですか」

子貢は折り返し聞きました。すると孔子はおっしゃったのです。

「できすぎているのは、でき足りないのとおなじようなものだ」

二千年以上も昔につくられた論語が、こんなに身近な気分で輝いているのは、普段着のままの孔子のことばが、ごく自然に生地のままで残っているからです。

生地はふるさとそのものです。生まれる以前の、生まれながらのままが不生の仏性です。生まれてきたこと、それ自体が有難いのは、その不生の仏性です。生まれながらにして仏であることに気づけば、あなたのほんとうの輝きがでてきます。生まれたとき、人間は煩悩である怒り、腹立ち、愚痴、我慢などを持っていません。

この子は生まれながらにして、初めから賢く、悟る子です。悟るとは、怒り、腹立ち、愚痴、我慢なしで、素直に受け入れる福徳円満な姿です。わたしたちの人生は、その仏さまに出会うための道程です。食事をすることも、勉強することも、いっさいの動きが自分のなかにある仏さまに出会うためのものです。この自力が尊い。これが自分のなかにある仏さまです。だから生まれたことが有難いし、自力の仏さまに手を合わせるのです。

介護させていただくのが有難い

老人介護の問題があります。寝たきりの姑の世話をひとりでやっておられる嫁さんは、老いた自分がさらに老いた親の介護に明け暮れる日々に、心身ともに疲れ果ててしまったといいます。わたしは、「それ何や」といいたい。介護を全部ひとりでやっているという考え方がいけないと思うからです。何もかもわたしひとりでやっていると考えることから、すべての苦悩は始まります。

これでいくと、介護しているひとは疲れていますから、「何でわたしが。何でわたしだけが」と、筋が通らなくなってしまいます。

介護とは、病人本人が自分自身を治すことです。嫁さんはそれを手伝うだけです。親御さんが亡くなるまで手伝いをしなかった夫はガキタレです。その夫は親御さんが手も足もないから、嫁さんが手伝っていると思っています。その夫には、「申し訳ない」ということがありません。

ほんとうの涙を流すのは嫁さんです。ほんとうに申し訳ないというのは、介護した親御さんが亡くなったときに、嫁さんがいうことばです。だれがいちばん力落ちするかといったら嫁さんです。介護していたときは、「かなわんなあ。お母さん死なはったらええのに」といつも思っていたのが、やれやれとなって、働く気力をもぎとられてしまいます。介護が自分以外の他に対する仕事だと思ってやっていたから、それがいけないのです。

このようなことをやらさせてもらって、それが歴代よくつづいているなあと感謝するのです。自分の考える子育てなど、何もかも理解してくれなかった姑とか夫のなかで、「みんなこうしてやってこれたんだなあ」と面白がるのです。自分もやらさせてもらっていると喜びを持ってやっておれたら、介護の途中で切れたりすることがありません。

また、ボケ老人といいますが、ボケるからやっておれるのです。この世界、理屈ばっかりでやると、筋合いを通すことばかりにかまけて、理屈ばかりで仕事がぜんぜん前に進みません。アホだから、やらせてもらえるのです。仕事をさせていただけるのです。アホでなかったらできません。いちいち理屈いっていたら、仕事も何もさせてもらえません。「何でわたしがこんなことせなあかんねん」とムカムカしてきて何もできません。

こころに有難いと思うところがあるから、感謝している部分があるから面白いのです。絶対矛盾の自己同一とは、ごく自然の姿であるということです。

手術していただけるのが幸せ

今回病気になって、お医者様に手術していただけるということが有難いのです。これが手術せんならんというのではダメです。手術していただけるという感謝の気持ちが起こってくることが有難い。そこからすべてがスタートするから有難いのです。

それがなかったら、やはり、「手術せんならんか。ちょっと待っててくれよ。かなわんなあ」になります。そのように考えたら、自分がしんどくなることを知っています。その場を逸したらぜったいにあかんということを知っていますから、大きい顔をして入院させていただくことができるわけです。

子どものときから何回も病気しているし、自分の周りも病人ばかりです。病気になったらみんなが応援するという態勢になっていますから、有難いなあというだけです。どちらかというと、感謝の気持ちが薄くなるのではと、それを心配しています。

応援してもらうことが当たり前だとは思ってはいなくても、体がそんなふうに感謝を忘れる体質になってしまうのではと気がかりなのです。

わたしは、ひとりで病院生活を楽しむことができます。看護婦さんは楽しいし、掃除してくれるひとも楽しい。「大仙院の和尚さんは面白いひとです」と、みなさんがいってくれるのもうれしい。

わたしは病院に行けば病院の子になりますから、愉しいのです。どこにいてもうれしいのです。病院で違う生活ができるということがうれしいのです。

ひとに、「そこへ行ったらそこの子になるんだ」といってますが、自分がそこに行ってそこの子になれるという嬉しいこころが有難いのです。

病院でも自分でできることは、いろいろさせていただきます。それがかえってひとに迷惑をかけていることも忘れてやってしまいます。勝手な解釈ですが、それが宇宙環境、自然環境とひとつになれることと違うかなあと思っているからです。

喜びとは、自分に何ができるかで決まります。何が人間にとって尊いかを考えることです。その尊いものは、自分から乗り込んでいってやらせてもらおうという意気をもつことなのです。

お医者さんは、ひとのこころを安心させるのに、いちばん上手なのではないかと入院してみて改めて感じました。

意気が息づくその場所こそ、生き生きした姿を取り戻す場所

わたしどもは先祖供養の大切さをやかましくいいます。理由は、連綿と子々孫々に伝えられてきた、永遠の生命を尊ぶことを訴えたいからです。親を大切にしないひとが、自分の子どもから大切にされるわけがありません。父や母が生まれる以前から、わたしたちのこころは存在していました。わたしたちが祈願するのは、あの父、あの母の歩みのなかで、人間として何か今のこの世でも指導を仰いでいるからです。

寺が存在するのも、おなじような哲理を大切にするからです。檀家のみなさんの先祖代々の墓ももちろんありますが、わたしたち僧侶にとって寺は、開祖以来の先輩たちが刻苦勉励して修行をした場所です。どの寺にも、そのような先師たちの意気が残っているのです。寺院とは霊魂がさまよう薄気味悪い場所ではなく、意気が息づく、生きた生命が存在する場所です。だからこの寺に来て、意気を感じていただき、生きいきとした姿を取り戻されるように願っています。その「意気」を尊敬し受け継いで、いまのわたしも在ります。意気は「息」です。そして、「生き」となって、永遠の生命に連結することになります。

もし、霊魂というものがあれば、先人たちの意気がわたしどもに伝わっているのだというのが適切です。すべてがこころだからです。肉体は仮の姿であり、こころこそ本物です。

神仏を尊ぶのは、宇宙の意志、永遠の生命を見ることによって、己れの姿を見つめるためです。自らの分をわきまえ、自分にけじめをつけることです。「神仏を尊んで、神仏をたのまず」。これは宮本武蔵のことばですが、わたしはこの姿勢が正しい生き方だと思います。

やたらに神だのみばかりしていても、勝負に勝てるわけもなければ、幸福が転がり込んでくるはずもありません。禅というものを難解に考えるなと、わたしはいつもいっています。重苦しく息づまるような人生に、勇気凛々意気を込めて立ち向う、その姿勢こそが禅そのものです。

上っ面を見ると愛しあっているように見えるご夫婦でも、その実は尊敬しあっているのです。それをはっきり心得ておかないことには、片方が亡くなったときに実に危険で、大きな落とし穴になります。仕事や勉強も好きでするのは上っ面で、真底には尊敬がありまます。これでなければ、ちょっとした揺れ、振れ、振動でつづかなくなります。脳のスイッチを切り替えて、己れ本来の姿である仏性を自分自身で見つめなおし噛みなおすのです。

白紙の素直なこころで見れば間違いない

大仙院の表門を入って敷石の細道を進むと、すぐ左手に見えるのが本堂の玄関です。この玄関は、大徳寺北派本庵にふさわしいみごとな構えの建物で、格調も高く、本堂とともに国宝の指定を受けています。

中国の玄関という字を利用して、日本に初めて玄関というものを造ったのが大仙院だといわれています。玄関のところに火燈窓が入っています。小さなロウソクの炎だと思っていても、そこへ安物の線香を一本持っていくだけで、何とさらに上をめざして燃えていくのです。これもできる、あれもできるという可能性を、そのなかに見ます。

いっぽう庫裡のほうの玄関には、直径一メートルの大地球儀があります。アメリカから送ってもらった特注の地球儀で、球の内部に明かりがつき、世界各国の時間が一目でわかります。禅寺に地球儀などと、むずかしく考えているひとにとっては、奇異な光景に映るかもしれません。わたしが意図するのは、禅寺と地球儀という思いもかけない事態に出くわしたとき、内部に生まれる振幅、感情の起伏など、そのひとの力を引き出すことです。

わけがわからなくてもいい。理屈や知識をはずして、そのひとそのままの生地で大仙院をつかまえてほしいからです。何らかの予備知識を持ってきたひとに、いったんその知識を捨ててもらい、白紙の素直な状態で自分なりの大仙院を見てもらいたいのです。

玄関では脱いだ靴は散らばります。靴はなぜ脱がなくてはならないかといえば、有難いところへお参りするからです。だから靴を脱ぐのは当然ではないかという精神的意味が非常に強くあります。玄関廊の廊下がそのまま入り込んだ姿が、現在のふるい家にある玄関框《かまち》、また、上がり框とかいっているものです。下のところに土間が入り込むわけです。ひとつの建物のなかに、玄関と廊下が入り込んだ形が上がり框です。

国宝玄関の上がったすぐのところに、まいら戸という二枚の板戸があります。その戸には横桟が上から下まで打ってあります。雨戸だったら廊下の外に出ますが、まいら戸の場合は広縁の内側にあります。その二枚の板戸の内側に明かり障子が一枚。その明かり障子は下まで紙で、腰板がありません。室町時代以前の源氏物語絵巻に見られるように、突き上げ蔀戸を下ろして几帳などたてこめて閉めてしまったら内部が真っ暗ですから、室町時代に初めて明かり障子ができました。「白い紙がこんなに役に立つ」とは、だれもが気づかなかったこの時代、下克上の室町時代に発明されたのです。

逆境こそ順境への糸口です

逆境こそ順境への糸口です。それは大仙院の建物のなかでも、きっちり説明しています。庫裡から入って受付をすませ、方丈へと続く渡り廊下を進んでいただくと、右手に名石宝船と流れを遡る亀が石と砂で表現されている庭園が現れます。これが書院東庭の「下の石庭」です。亭橋の白壁の火頭窓からは、石組みの枯れ滝がのぞいています。方丈隅のところが東北の鬼門になります。

鬼門というのは、十二支のネ、ウシ、トラのトラがウシのツノを持ち、ウシがトラの皮をかぶっているという艮《うしとら》の方向を意味します。ちなみに、ネ（子）は「汝」、あなたです。「あなたは親の子ですよ。親に生んでもらったからあなたは存在するのですよ」という意味です。

ウシ、トラは東北の隅っこで、そこの滝から流れる水を砂で表したのが枯山水庭園です。この庭園は、方丈の東北隅に庭を設ける室町時代の原形をいまにとどめた、枯山水庭園の傑作です。その水墨山水画を見るような風景、白砂名石は静寂そのものの哲学的な境地をみごとに具象化しています。

ちょうどその鬼門の隅柱を、創建時の一五〇九年からおよそ五百年、取り除いてあります。東北の隅がいちばん危険な鬼門であるのに、それをわざわざ取り除いたのです。それは逆境こそ順調への糸口であり、そこからのスタートだという意志を明確にするためです。

方丈から庭を眺めると、はるかな深山幽谷や滝の音が聞こえてくるような思いにさせられます。いつかは滝が流れとなり、流れは激流となって谷を一気に下っていく。ただひたすらに厳しい流れを見せつけます。そこには一滴の水もありません。静寂に支配された石組みと白砂の庭が広がるばかりです。方丈東庭の前には細い崖があり、その近くの鶴島と亀島の間には宝來山があって、そこから滝が勢いよく流れ落ちています。

流れ落ちる力強い滝水の生命力を砂で表す枯山水があり、そこは「滝、岩上に飛沫く」（打たれてもよい、はね返す力がある）という意味が込められていますが、それを目で読みとってほしいと思います。また横の観音石、不動石は、この世に生を受けたことの尊さは普遍であり、微動だにしないものだということを表しています。

庭に滝を造るからといって、水などを引かなくてもいい。石を庭に持ってきて据えていますが、山のなかにあればただの石が、また違ったものに見えてくるから不思議です。

文殊の知恵で大海中へ一気に進め

滝の下には「鯉魚石」と名づけられた石があります、これは鯉が滝にのぼって竜に生まれ変わろうとする鯉のぼりのすざまじい気構えを表しています。「三段波高うして、魚竜と化す」といって、鯉が三段の滝を飛び越えて竜になるのです。その危険から母親がわたしを生んでくれたという感謝が出てきます。

母親は自分の命と引き換えにわたしを生んでくれた。だから、女性と男性とをくらべたときに、女性の人生のほうが深いわけです。そこの鬼門の大事な隅柱をわざわざ取り外して普請した大聖国師の心意気も読み取れます。これによって、「生まれつきから少々不備のところがあったとしても、あなたならどんな時代でも立派にやっていけるお方だ」ということを覚悟させていただけるのです。

滝から流れ落ちた水は、ひとつは西に流れて方丈北側を通り、さらに西行して書院「拾雲軒」と方丈にはさまれた中庭「中海」に達します。そしてもうひとつの流れは方丈東側を南行して、方丈正面の「大海」にいたります。滝から出た水は下流にいくほどに広く緩くなり、方丈南側の大海へと雄大な姿で広がっていきます。方丈東庭を「上の石庭」と「下の石庭」に区切っているのが透渡殿です。透渡殿は寝殿造りの本殿と対屋をむすんでいた渡り廊下の貴重な遺構ですが、あたかも水の流れに対して立ちはだかるように建てられています。その姿から、寺ではこれを「人生の壁」とよんでいます。

石橋の下を流れ、透渡殿の下をくぐった水は、堰を落ちて大河となります。これが「下の石庭」で、ここには艫を下げ、舳先を上げて、力強く大河をいく自然の名石「宝舟」が浮かび、この水が方丈南側の大海に流れこむのです。まさに文殊の知恵を満載している船が出ていく姿です。宝舟の向こう岸に見えるのが叡山石で先般、比叡山の千日回峰行の阿闍梨様がたに献茶供養をし、そのあと「今こそ出発点」と出船祭りをさせていただきました。文殊の知恵とは生まれた時から備わっている仏性で、あとから努力したような知恵とは違います。だから、大きな海へと流れていくのです。宝船で大海に一気に進むのです。

大海とは無とか空といって、ほんとうの何もない世界、座禅の世界です。すこしでも自分に面目があったら、自分に目があるとか、耳があるとかいったら、それだけで大失敗するような世界です。人生は無と空が両輪となって走っている世界です。

大海は一対の盛り砂を配置しただけの庭で、静寂な哲学的なこころの安らぎを感じます。

歴代へとつづく祈りを込めて

清めのための予備の砂は、清めた上にもさらに清める、勉強した上にもさらに勉強する、骨を折った上にもさらに骨を折ることを意味します。「わしらこれまで十分やってきた。これ以上やったら死んでしまうやないか」というひとがいます。アホいうなというわけです。頑張っておられる姿を見て、あの先生のような立派なひとになりたいと念じるのです。先輩だからといっていい加減なことをやって、つぎの代に何を残すことができるのか。ほんとうに伝灯すべきものというのは、「向上の上にもさらに向上」があるのです。

このように歴代がつづくという意味において、まいら戸の外側、広縁のところ正面にかかっている額が「拈花殿」といい、これはお釈迦さま、お釈迦さまのお弟子の荷葉尊者、荷葉尊者のお弟子の阿難尊者と当初の歴代三仏祖をお祀りしている本堂であるということころを現しています。みなさんのお家でいうと、おじいさん、お父さん、お孫さんと三人を並べ、歴代がずっとつづくのだという伝灯・伝法を挙揚したのです。長生きするというのは全部、こころなのです。ここが普通の本堂と違うところで、お釈迦さんだけを祀るのではなく歴代のお三方をお祀りしているのです。

あるときお釈迦さんは、いちばん最後の説法をするといって、たくさんの弟子たちを山に集めました。今日はどういう有難いお話をなさるのだろうと、みんなじっと耳を傾けていたら、お釈迦さんが金波羅華の花を持ち出しただけで、何もいわないので不思議に思っていました。そのなかで荷葉尊者ひとりが、それを見てニコッと笑いました。お釈迦さんはその弟子にいわれました。「跡取りはあなただ。あなたがわたしの跡を取るのです」

このときの話を後になって聴いて、阿難尊者は荷葉尊者にお尋ねになります。このときの内容が『無門関』という本に詳しく出ています。無門和尚の評唱も実に愉しいものです。

「そんなにおっしゃっても……。もし、あのときだれも笑われなかったら、後を渡すひとはだれもいなかったのですか。四十何年間も説法なさってこられて、最後に跡取りを作られなかったのですか。ほかに何かあったでしょう」

荷葉尊者は阿難尊者におっしゃいました。

「阿難、門前に仏教の旗印か何か建てているのと違うか。その旗竿を倒してきなさい」

それで荷葉尊者の下に阿難尊者が跡取りとして決まったといういきさつがあります。

歴代がつづいてほしいという願いは、この大仙院にもたしかに息づいています。

伝わるのは、こころ

こころこそ伝来していくものであって、このことを覚えておいてほしいのです。

現在は転換期であり、革命の時期に入っているのだということを、腹をわっていわなければいけません。

禅宗がインドから中国に入ったときに、梁の武帝は中国全域に寺や塔をどっさり造りました。坊さんも何万人も育てました。お経もたくさん作りました。それに対して、だれも反対しなかったのです。そこで武帝は、自分には功徳があると胸を張りました。ところが、待ちに待った印度僧の達磨さまに、「そんなものは当たり前ですがな」といわれてしまったのです。

坊さんならば、「ようやってくれはりました」とお礼をいうのが当然のことだと思っていたのに、何ということをいうかと思われるでしょう。達磨さまは、武帝がやったことは無功徳だといったのです。「あんたがやったことなんか功徳になるかい」というわけです。

そのようなことがあって今日の仏教が育ってきました。

何でそんなことがいえるのかというと、それが時代だからです。時代によって、こころはコロコロと変わっていくものなのです。ところが、こころによってできていることを知らないから、寺だとか、塔などの建物やお経が大切だと思い込んでしまうのです。

こころが伝わるのです。歴代のお寺についても、お寺の建物が伝わるのではなく、こころが伝わってきたのです。そのなかで自分のやってきたことをおだててくれるひとがあって、それによってコツコツやっていき、ケチつけられたら落ち込み、そのうちに自然にだんだん伸びてきて、個性というそのひとでなければないものが出てきます。

それがこころであって、それが伝わっていくのです。それが性（たち）といわれるもので、その手垢なしのすがすがしさがすばらしい。そこにはどういう働きがあるとかないとかではありません。そのような性なのです。

いまは、世界中がドーンとひとつになって、一致協力してやっていこうという時代に変わっています。どんな動きをしていくか、ビジョンをしっかりとこころのなかに刻んでおかなければ、動きが鈍くなります。

わたしはこの時代に頭を突っ込んでいけるのがうれしい。

そのなかで、みなさんといっしょに、猛烈に悩み合おうというわけです。

新版
大丈夫や! きっと、うまくいく

著 者 尾関 宗園
発行者 真船美保子
発行所 KK ロングセラーズ
〒169-0075 東京都新宿区高田馬場 4-4-18
電 話 03-5937-6803(代)
http://www.kklong.co.jp

印刷・製本 大日本印刷(株)

ISBN978-4-8454-2511-2

Printed in Japan 2023